Standard Deutsch 9

Das systematische Lernbuch

Arbeitsheft *Plus*

Erarbeitet von

Annette Brosi
Christian Fritsche
Alexandra Lange
Christiane Robben
Toka-Lena Rusnok

Inhaltsverzeichnis

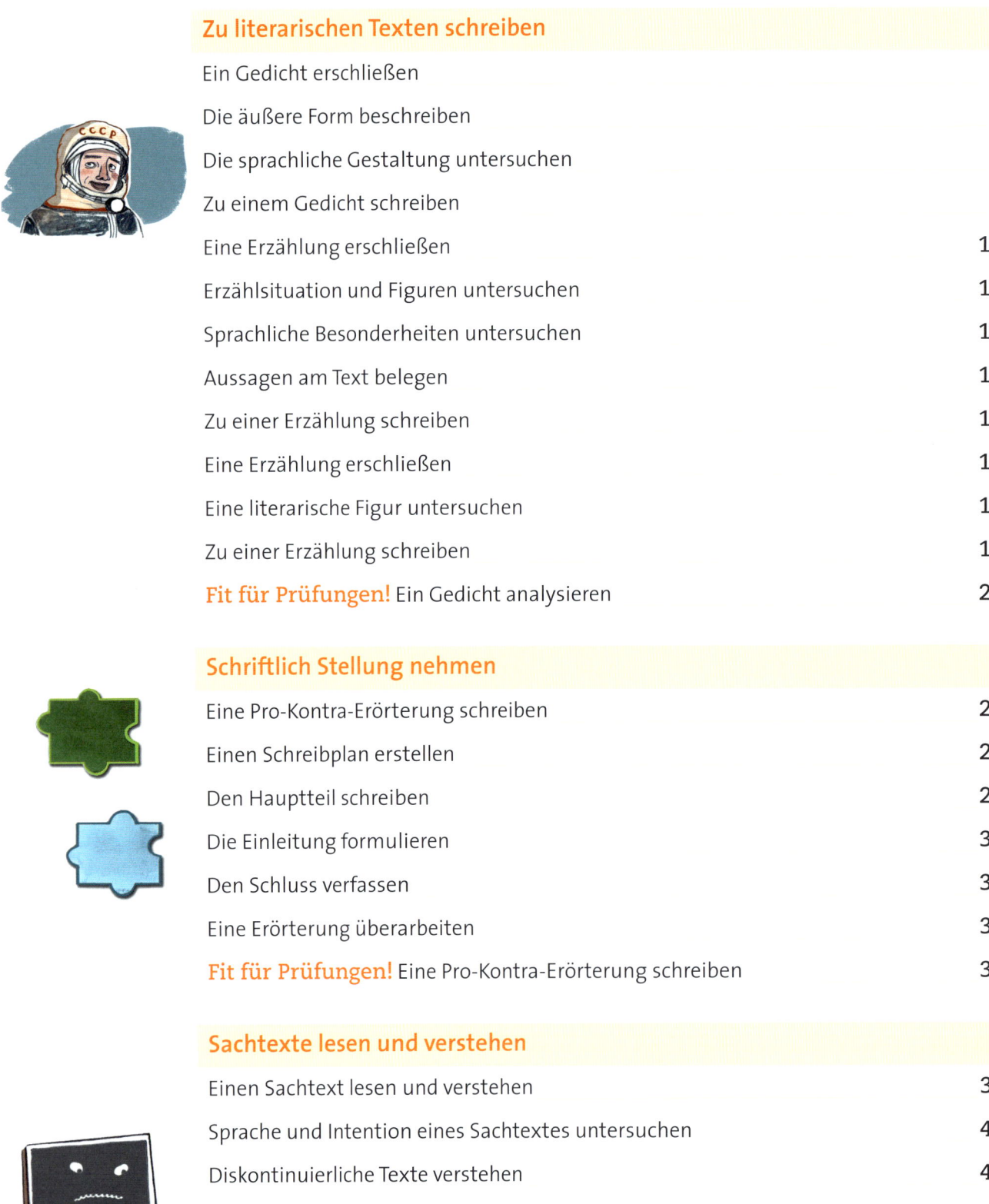

Ein Gedicht erschließen

Ein Gedicht erschließen

Folgende Schritte helfen dir, ein Gedicht zu verstehen:
- Notiere deine **Leseeindrücke**.
- Gib das **Thema** und den **Inhalt** des Gedichts mit deinen eigenen Worten wieder.
- Lege ein **Gedankengitter** an. Markiere auffällige Textstellen und notiere deine Gedanken und Beobachtungen zum Inhalt, zur Form und zur Sprache des Gedichts.
- Beschreibe den **Aufbau** des Gedichts.
- Untersuche die **sprachliche Gestaltung** und erkläre ihre Wirkung.
- Beschreibe dein **Textverständnis**. **Belege** deine Aussagen am Text.

INFO

Der sowjetische Kosmonaut Juri Gagarin (1934–1968) flog 1961 als erster Mensch ins Weltall.

Günter Kunert

Gagarin

Als er durch des Himmels Bläue aufgefahren,
Schien es, er bewege sich nicht länger fort,
Und er hänge fest in dieser schwarzen Weite,
Und die Erde drehe sich vor seinem Fenster dort.

5 Eine unfassbare Kugel nannte er nun Heimat,
Und wie nie vorher kam sie ihm plötzlich nah,
Da er, fern von ihr in den Unendlichkeiten,
Stumm und reglos auf sie nieder sah.

Und er liebte sie, die sich ihm zeigte,
10 Weil sie doch der Menschen Mutter war,
Immer noch die Söhne nährend und behausend,
Aber auch durch sie in tödlicher Gefahr.

Während seiner Rückkehr zum Planeten
Ward ihm klar: Die Erde ist nur eins.
15 Die darauf sind, müssen miteinander leben,
Oder von ihr wird es heißen: Leben keins.

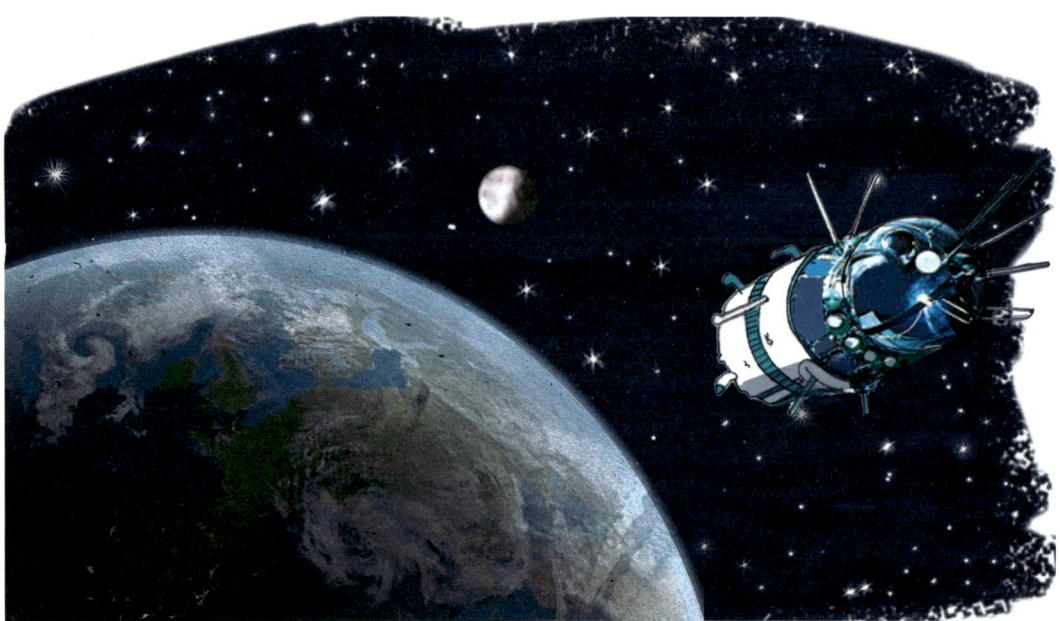

1 Lies das Gedicht und notiere erste Leseeindrücke.

_____

2 a) Worum geht es in dem Gedicht? Formuliere das Thema in einem Satz.

_____

_____

HILFE

In dem Gedicht „Gagarin" geht es um …

In dem Gedicht „Gagarin" wird dargestellt, …

b) Notiere neben jede Strophe einen Satz zum Inhalt.

3 Markiere auffällige Textstellen und lege ein Gedankengitter an.
Schreibe um das Gedicht deine Gedanken und Beobachtungen:
– zum Inhalt _(Welche Ideen hast du dazu? Welche Fragen?)_
– zur Form _(Was fällt dir auf?)_
– zur sprachlichen Gestaltung _(Welche Stilmittel werden verwendet?)_

4 In welchen Versen wird das Folgende gesagt? Notiere die Verszahlen.

(1) Der Kosmonaut befindet sich im Weltall und sieht von dort die Erde. _____

(2) Er ist beeindruckt vom Anblick der Erde. _____

(3) Die Erde bietet den Menschen Lebensraum und Nahrung. _____

(4) Die Menschen gefährden ihren Lebensraum. _____

5 a) Wie wird das Weltall im Gedicht umschrieben?
Unterstreiche die Bezeichnungen im Gedicht blau.

b) Wie wird die Erde umschrieben? Unterstreiche die Bezeichnungen grün.

c) Welche Gedanken und Gefühle werden mit den Bezeichnungen für das Weltall
geweckt? Welche für die Erde? Formuliere deine Gedanken in ganzen Sätzen.

_____

_____

_____

_____

_____

HILFE

Für das Weltall werden die Bezeichnungen „…" (Vers …) verwendet.

Dadurch wird ein Gefühl von … vermittelt.

Die Erde wird als „…" (Vers …) bezeichnet.

Diese Ausdrücke verdeutlichen/unterstützen/zeigen …

6 Die neue Perspektive auf die Erde führt die Figur des Kosmonauten zu neuen
Erkenntnissen.

a) Markiere die Erkenntnisse im Gedicht rot.

b) Gib die im Gedicht beschriebenen Erkenntnisse mit deinen eigenen Worten wieder.

_____

_____

_____

Die äußere Form beschreiben

> **Die äußere Form von Gedichten beschreiben**
>
> Gedichte sind in Verse und Strophen gegliedert.
> - Die einzelnen Zeilen des Gedichts heißen **Verse**.
>   Ein Abschnitt aus mehreren Versen bildet eine **Strophe**.
> - In vielen Gedichten werden einzelne Verse durch einen **Endreim** verbunden.
>   Man unterscheidet: Paarreim (aa), umarmender Reim (abba), Kreuzreim (abab).

HILFE

*Das Gedicht
besteht aus/
umfasst/
ist gegliedert in ...*

regelmäßig

unregelmäßig

geschlossen

offen

1 a) Untersuche die äußere Form des Gedichts „Gagarin".
Nenne die Anzahl der Strophen und Verse in einem Satz.

_____

b) Wie würdest du die äußere Form des Gedichts beschreiben?
Wähle passende Begriffe aus der Randspalte und formuliere einen Satz.

_____

2 a) Untersuche die Reimform des Gedichts. Beschreibe sie in einem Satz.

_____

harmonisch

beruhigend

beunruhigend

bedrückend

eindringlich

b) Wie wirkt die Reimform auf dich? Wähle eine passende Bezeichnung aus
der Randspalte und formuliere einen Satz.

_____

3 Untersuche die Länge der Sätze im Gedicht.

a) Notiere den Unterschied zwischen den ersten drei Strophen und der letzten Strophe.

_____

_____

b) Was soll durch die Satzlänge in den Strophen 1–3 zum Ausdruck gebracht werden?
Äußere deine Gedanken dazu in einem Satz.

_____

_____

c) In der vierten Strophe wird zweimal ein Doppelpunkt verwendet.
Beschreibe die Wirkung dieser Strophe im Vergleich zu den Strophen 1–3.

HILFE

*Durch ... wird die
Aufmerksamkeit
des Lesers geweckt.*

*Die Form unter-
streicht die Bedeu-
tung der Aussage: ...*

_____

_____

_____

_____

Die sprachliche Gestaltung untersuchen

> **Die sprachliche Gestaltung von Gedichten untersuchen**
>
> In Gedichten werden häufig **sprachliche Stilmittel** eingesetzt.
> Wenn du ihre Funktion und Wirkung klärst, verstehst du das Gedicht besser.
> - Achte in Gedichten auf sprachliche Besonderheiten wie Wortwahl,
>   Wiederholungen, Satzlänge, grammatische Auffälligkeiten.
> - Prüfe, ob folgende Stilmittel verwendet werden:

Name	Erklärung	Beispiel
die Alliteration	Reihung von Wörtern mit gleichen Anfangsbuchstaben	*wogende Wellen*
die Anapher	Wortwiederholung an Versanfängen	*Viel tausend Menschen im Nordland ertrinken, / Viel reiche Länder und Städte versinken.*
die Ellipse	unvollständiger Satz; es wird das ausgelassen, was sich jeder denken kann	*Nein. Niemals.*
das Enjambement	Zeilensprung; der Satz überspringt das Versende	*Während seiner Rückkehr Ward ihm klar: ...*
die Metapher	Sprachbild; Wort, das nicht wörtlich, sondern in einer übertragenen Bedeutung gebraucht wird	*Er war ein Löwe im Kampf.*
die Personifikation	Vermenschlichung von Begriffen oder Gegenständen	*Der Himmel weint.*
der Vergleich	Unterschiedliches wird durch eine Gemeinsamkeit verbunden	*eine Blume rot wie Blut*

1 a) In der 2. Strophe des Gedichts „Gagarin" wird die Metapher „unfassbare Kugel"
(Vers 5) für die Erde verwendet. Erkläre, über welche zwei Bedeutungen das Adjektiv
„unfassbar" verfügt.

(1) _____

(2) _____

b) Der Kosmonaut sieht „stumm und reglos" (Vers 8) auf die Erde. Gib zwei Erklärungen
dafür. Unterscheide dabei seine äußere und seine innere Situation.

(1) äußere Situation: _____

_____

(2) innere Situation: _____

_____

2 Das Gedicht „Gagarin" enthält verschiedene sprachliche Gestaltungsmittel.

a) Suche die unten notierten Zitate im Gedicht auf Seite 4 und kreise sie ein. Ergänze neben jedem Zitat die Verszahl.

TIPP

Bei einem Ausdruck werden zwei Stilmittel gleichzeitig angewendet.

b) Um welches der im Merkkasten auf Seite 7 genannten Stilmittel handelt es sich jeweils? Notiere daneben.

(1) „Und er hänge fest [...]
Und die Erde drehe sich [...]" (Vers: _____) → _____

(2) „der Menschen Mutter" (Vers: _____)　　→ _____

_____

(3) „Leben keins." (Vers: _____)　　　　　　→ _____

c) Welche Wirkung erzeugen diese Stilmittel im Gedicht? Notiere deine Gedanken in ganzen Sätzen. Die folgenden Notizen können dir dabei helfen.

– Gegensatz zwischen Starre des Weltalls und Bewegung der Erde

– Gagarin fühlt sich passiv und hilflos

– Verbundenheit mit der Erde

– Gefühle von Nähe, Geborgenheit und Wärme

– Eindruck von Harmonie

– Endgültigkeit und Entschiedenheit der Aussage

HILFE

Die Anapher/ Metapher ... macht deutlich/ verweist auf/ veranschaulicht/ bringt zum Ausdruck/ vermittelt/ unterstreicht/ signalisiert/ verstärkt den Eindruck ...

(1) _____

_____

_____

(2) _____

_____

_____

_____

_____

(3) _____

_____

_____

_____

Zu einem Gedicht schreiben

> ❗ **Eine Gedichtinterpretation schreiben**
>
> In der schriftlichen Gedichtinterpretation fasst du die Ergebnisse
> deiner Textuntersuchung zusammen.
> Dabei sollst du deine Aussagen mit Zitaten aus dem Gedicht belegen.
> - **Einleitung:** Nenne die Textsorte, den Titel, die Autorin / den Autor und das Thema.
> - **Hauptteil:** Fasse den **Inhalt des Gedichts** zusammen: *Was wird gesagt?*
>   Beschreibe die **Form** und die **sprachliche Gestaltung**: *Wie wird es gesagt?*
>   Erkläre die **Wirkung** und deute den Text: *Wie wirkt das? Warum wird das so gesagt?*
> - **Schlussteil:** Fasse die zentrale Aussage des Gedichts zusammen und formuliere
>   deine Meinung dazu.

1 a) Schreibe einen Einleitungssatz für die schriftliche Gedichtinterpretation zum
Gedicht „Gagarin".

HILFE

*In dem Gedicht ...
von ... geht es um ...*

_____

_____

b) Formuliere einen Schlussteil für die Gedichtinterpretation.

HILFE

*Das Gedicht
beschreibt/
verdeutlicht/warnt/
...*

*Besonders gut hat
mir an dem Gedicht
gefallen, dass ...*

*Das Gedicht ist auch
heute aktuell, denn ...*

_____

_____

_____

_____

c) Fasse deine Untersuchungsergebnisse zum Gedicht „Gagarin" in einer schriftlichen
Gedichtinterpretation zusammen. Schreibe in dein Heft.
Verwende deine Notizen zu den Aufgaben auf den Seiten 4 bis 9.

Der folgende Schreibplan bietet dir eine Orientierung:

> (1) Einleitung
> (2) Zusammenfassung des Inhalts von Strophe 1–3
> (3) Äußere Form von Strophe 1–3 (Strophen, Verse, Reim)
> (4) Sprachliche Gestaltung von Strophe 1–3 und Deutung
> (5) Zusammenfassung des Inhalts von Strophe 4
> (6) Äußere Form von Strophe 4
> (7) Sprachliche Gestaltung von Strophe 4 und Deutung
> (8) Schlussteil

HILFE

*In der ... Strophe
wird beschrieben/
dargestellt ...*

*Die ... Strophe
zeigt/beinhaltet/
macht deutlich ...*

2 Nach seiner Rückkehr hält Gagarin eine öffentliche Rede. Er möchte den Menschen
seine Gedanken und Erkenntnisse mitteilen, die er während der Reise in das Weltall
hatte. Schreibe diese Rede in dein Heft. Orientiere dich dabei am Inhalt des Gedichts.

Liebe Mitbürgerinnen und Mitbürger,
ich bin sehr stolz, dass ich die Aufgabe übernehmen
durfte, als erster Mensch in das Weltall zu fliegen.
Natürlich ist dieser Flug erst der Anfang, aber er hat
bei mir persönlich bereits wichtige Veränderungen
hervorgerufen ...

Eine Erzählung erschließen

Einen Erzähltext erschließen

Folgende Schritte helfen dir, einen Erzähltext zu verstehen:
- Kläre den **Handlungsverlauf**: *Wie verlaufen die äußere und die innere Handlung?*
- Bestimme die **Erzählsituation**: *Wer erzählt?*
- Beschreibe die **Figuren**: *Wie verhalten sie sich? Warum?*
- Analysiere die **Figurenkonstellation**: *Wie stehen die Figuren zueinander?*
- Untersuche die **sprachlichen Besonderheiten** des Textes.
- Formuliere die **zentrale Aussage** des Textes: *Wie verstehe ich den Text?*

Reinhold Ziegler

Warum frieren die Schwäne nicht?

Ich bin vier oder fünf Jahre alt, stehe mit Vater und Mutter an einem eisigen, windigen Tag an einem Weiher. Wir füttern die Enten, die Blässhühner, die Schwäne. Ich friere.
„Papa, warum frieren die Schwäne nicht?"
5 Papa weiß alles, spricht von Gefieder und dem Wachs aus der Bürzeldrüse, zeigt mir, als der Schwan den versinkenden Brotbrocken nachschnäbelt, dass der Hals auch unter Wasser nicht nass wird, erklärt die Isolationswirkung des Geflügelfetts und doziert über die unterschiedliche Wärmeleitung von Luft, Wasser, Fett und Muskeln.
10 „Und die Füße?", frage ich.
Die schwarzen Füße tragen keine Federn, paddeln ohne Fettisolierung im eiskalten Wasser.
„Was ist mit den Füßen, Papa?"
„Hmm, weiß ich auch nicht", sagt Papa. Es war das erste Ich-weiß-nicht,
15 das ich je von ihm gehört hatte, und wahrscheinlich deswegen ist es mir so klar in Erinnerung geblieben.

Jahre später, wieder ist es kalt.
Du versteckst dich vor dem schneidenden Wind unter meiner Jacke, drückst dein Gesicht an meinen Kragen. Verliebt, verkühlt und unzertrennlich.
20 „Warum frieren die Schwäne nicht?", frage ich dich.
Du lachst.
„Weil sie zu schön sind", sagst du. „Etwas so Schönes kann nicht frieren. Es kann nicht entstehen und nicht vergehen, kann nicht verbrennen und nicht erfrieren, es ist da und es bleibt – verstehst du?"
25 „Und die Füße?"
„Die Füße? Sieh doch, die Füße sind das einzig Hässliche an ihnen, schwarz und faltig, als seien sie irgendwann einmal versehentlich damit aus ihrer Welt des Schönen in die des Hässlichen getreten. Und sie wissen das, deswegen zeigen sie die Füße so ungern, deswegen kommen sie fast nie aus dem Wasser, wie kalt es
30 auch ist, und paddeln lieber dauernd, um sie warm zu halten."
Ich lachte, aber ich glaubte dir nicht. Wie ich dir so vieles damals nicht glaubte – zu Recht.

Heute habe ich noch mal nachgeschaut, der Tag schien günstig, bitterkalt, wie damals und einst, nur einsamer. Niemand nahm mich an die Hand und niemand
35 verkroch sich in meiner Jacke.
Ganz allein, ganz für mich, stellte ich mir wieder die Frage: Warum frieren die Schwäne nicht?
Und ganz für mich fand ich endlich die Antwort. Es ist viel einfacher, als ich die ganze Zeit gedacht hatte: Natürlich frieren die Schwäne, sie frieren – wie wir alle.
40 Nur sind sie viel zu stolz, um es zuzugeben.

1 Lies den Erzähltext und notiere deinen Leseeindruck.

_____

2 Erkläre die folgenden drei Begriffe aus dem Textzusammenhang.

der Weiher (Zeile 2): _____

die Bürzeldrüse (Zeile 5): _____

doziert (Zeile 8): _____

3 a) Der Text besteht aus drei Abschnitten. Notiere die Zeilenangaben in der Tabelle.

b) Markiere in jedem Textabschnitt Angaben zur Zeit (*Wann?*), zum Ort (*Wo?*) und zu den handelnden Figuren (*Wer?*).

c) Fasse den Inhalt eines jeden Abschnitts in ein bis zwei Sätzen zusammen.

1. Abschnitt Z. ____ – ____	
2. Abschnitt Z. ____ – ____	
3. Abschnitt Z. ____ – ____	

4 a) Unterstreiche in jedem Abschnitt die Antwort auf die Frage der Überschrift rot.

b) Welche Antwort gefällt dir am besten? Notiere deine Meinung und begründe sie.

_____

_____

_____

Erzählsituation und Figuren untersuchen

> **! Die Erzählsituation bestimmen**
>
> Bei Erzähltexten ist es wichtig, zwischen Autor/in und Erzähler/in zu unterscheiden. Man unterscheidet drei Erzählsituationen:
> - die **auktoriale Erzählsituation**: Der allwissende Erzähler weiß, was die Figuren des Textes tun, denken und fühlen.
> - die **personale Erzählsituation**: Es wird aus der Sicht einer Person in der Er- oder Sie-Form erzählt.
> - die **Ich-Erzählsituation**: Der Erzähler ist gleichzeitig eine Figur im Text und schildert das Geschehen aus seiner Sicht in der Ich-Form.

HILFE

Der Autor wählt/ verwendet/ schreibt in ...

1 Bestimme die Erzählsituation des Textes. Formuliere dazu einen Satz.

_____

2 Wie wird der Vater des Erzählers im ersten Abschnitt (Zeile 1–16) dargestellt?

a) Unterstreiche Textstellen, die den Charakter des Vaters deutlich machen.

b) Notiere Eigenschaften der Figur in die linke Spalte.

c) Ergänze rechts daneben Textstellen, die diese Eigenschaften belegen.

Eigenschaften des Vaters	Textbelege (Zeilenangaben)

3 Wer ist das „Du" im zweiten Abschnitt (Zeile 17–32)?

a) Unterstreiche Informationen zu der Figur im Text.

b) Notiere deine Vermutung und belege sie mit Textstellen.

Vermutung zur Figur	Textbelege (Zeilenangaben)

4 Welche Beziehungen bestehen zwischen dem Ich-Erzähler und den beiden Figuren? Beschrifte die Figurenskizze.

Sprachliche Besonderheiten untersuchen

1 a) Welche zwei Stilmittel werden in dem Satz „Verliebt, verkühlt und unzertrennlich." (Zeile 19) verwendet? Notiere.

_____

b) An welchen Spruch erinnert dich der Satz? Schreibe auf.

_____

2 a) Was bedeutet der Ausdruck „zu Recht" (Zeile 32) im Text? Umschreibe.

_____

b) Was sagt der Ausdruck über die Beziehung der beiden Figuren im zweiten Abschnitt aus? Notiere.

_____

_____

3 Worauf beziehen sich die drei Zeitangaben im ersten Satz des dritten Abschnitts (Zeile 33–34)? Notiere in Stichpunkten.

„heute" (Zeile 33): _____

„damals" (Zeile 34): _____

„einst" (Zeile 34): _____

4 Mit dem Satz „Niemand nahm mich an die Hand und niemand verkroch sich in meiner Jacke." (Zeile 34–35) werden zwei Bedürfnisse in Beziehungen beschrieben.

a) Welches Bedürfnis des Erzählers wird jeweils zum Ausdruck gebracht? Notiere die Bedeutung der zwei Aussagen.

b) Auf welche Figur der Erzählung wird Bezug genommen? Ergänze.

	Niemand nahm mich an die Hand. (Zeile 34)	Niemand verkroch sich in meiner Jacke. (Zeile 35)
Bedeutung:		
Figur:		

5 Im dritten Abschnitt heißt es: „Ganz allein, ganz für mich, stellte ich mir wieder die Frage [...] Und ganz für mich fand ich endlich die Antwort." (Zeile 36–38)

a) Unterstreiche die Wortwiederholung in dem Zitat.

b) Welche Wirkung wird mit dieser Wiederholung erzielt? Beschreibe.

HILFE

Durch die Wiederholung wird verdeutlicht/betont …

_____

_____

Aussagen am Text belegen

Textstellen zitieren

Deine Aussagen zum Text begründest du mit **Textzitaten**.
- Übernimm die Textstelle unverändert.
  Markiere **Auslassungen** durch drei Punkte in eckigen Klammern [...].
- Kennzeichne die Zitate durch **Anführungszeichen** „...“.
- Notiere hinter das Zitat die **Zeilenangabe**:
  „Verliebt, verkühlt und unzertrennlich.“ (Zeile 19)

1 In dem folgenden Textauszug beschreibt ein Schüler das Verhältnis zwischen Vater und Ich-Erzähler in der Erzählung „Warum frieren die Schwäne nicht?“.

a) Lies den Schülertext und unterstreiche Formulierungen, die der Schüler wörtlich aus der Erzählung von Seite 10 f. übernommen hat.

b) Schreibe den Text in dein Heft. Ergänze dabei die notwendigen Anführungszeichen und Zeilenangaben.

Als Kind im Alter von vier oder fünf Jahren bewundert der Ich-Erzähler seinen Vater, denn Papa weiß alles. Auch die Frage, die das Kind an dem beschriebenen eisigen, windigen Tag stellt, wird vom Vater ausführlich und kenntnisreich beantwortet. Er gibt naturwissenschaftliche Erklärungen, er doziert. Das Kind gibt sich jedoch mit der Antwort nicht zufrieden und fragt weiter, ob ein Schwan denn nicht an den Füßen friert. Der Vater hat dafür keine Erklärung und gibt zu, dass er es nicht weiß. Das Kind erinnert sich an diese Antwort als das erste Ich-weiß-nicht, das ich je von ihm gehört hatte. Es erkennt, dass auch der Vater nicht alles in der Welt und im Leben erklären oder verstehen kann.

2 Beschreibe das Verhältnis zwischen dem Ich-Erzähler und seiner Freundin in der Erzählung. Verwende deine Ergebniss zu den Aufgaben auf den Seiten 12 und 13. Belege deine Aussagen am Text und beachte dabei das richtige Zitieren.

HILFE

Der Ausdruck/Satz „...“ (Zeile ...) zeigt/betont/ verweist auf/ macht deutlich ...

An dem Ausdruck/ Satz „...“ (Zeile ...) erkennt man, dass ...

Zu einer Erzählung schreiben

Eine Textinterpretation schreiben

In der schriftlichen Textinterpretation fasst du die Ergebnisse deiner Textuntersuchung zusammen. Schreibe im **Präsens** und belege deine Aussagen mit **Zitaten** aus dem Text. Teile deinen Text in **Sinnabschnitte** ein.
- **Einleitung:** Nenne die Textsorte, den Titel, die Autorin / den Autor und das Thema.
- **Hauptteil:** Fasse den **Inhalt des Textes** knapp zusammen.
  Beschreibe den **Handlungsverlauf** und gib die **Erzählsituation** an.
  Beschreibe die **Figuren** und ihre Beziehungen zueinander. Bewerte ihr Verhalten.
  Zeige **sprachliche und formale Besonderheiten** des Textes auf und
  erkläre ihre **Bedeutung**.
- **Schlussteil:** Fasse Aussage und Wirkung des Textes zusammen und
  formuliere deine Meinung dazu.

1 a) Schreibe einen Einleitungssatz für die schriftliche Textinterpretation der Erzählung „Warum frieren die Schwäne nicht?".

HILFE

In der Erzählung ... von ... geht es um ...

b) Formuliere einen Schlussteil für die Textinterpretation.

HILFE

Die Erzählung zeigt/ beschreibt/ bringt zum Ausdruck ...

Ich verstehe den Schluss der Erzählung so ...

Für mich persönlich bedeutet ...

Besonders gut hat mir an der Erzählung gefallen, dass ...

c) Fasse deine Untersuchungsergebnisse zur Erzählung „Warum frieren die Schwäne nicht?" in einer schriftlichen Textinterpretation zusammen. Schreibe in dein Heft. Verwende deine Notizen zu den Aufgaben auf den Seiten 11 bis 15.

Der folgende Schreibplan bietet dir eine Orientierung:

> (1) Einleitung
> (2) knappe Wiedergabe des Inhalts
> (3) Angabe der Erzählsituation
> (4) Beschreibung der drei Figuren
> (5) Sprachliche Besonderheiten und ihre Wirkung
> (6) Schlussteil

HILFE

Im ... Abschnitt wird erzählt/beschrieben/ dargestellt ...

Neben dem Ich-Erzähler treten die folgenden Figuren auf: ...

2 Wähle eine der beiden folgenden Schreibaufgaben und bearbeite sie in deinem Heft.

(A) Einen Brief verfassen
Die Freundin schreibt dem Ich-Erzähler nach ihrem Spaziergang am Weiher einen Brief. Sie schildert, wie sie den Spaziergang erlebt hat und erklärt, warum sie diese Antwort für ihn gefunden hat. Sie schreibt auch, was sie an ihrer Beziehung schwierig findet.

(B) Einen Tagebucheintrag verfassen
Der Ich-Erzähler schreibt nach seinem letzten Spaziergang am Weiher in sein Tagebuch, zu welcher Erkenntnis er gekommen ist. Er überlegt auch, wie sich diese Erkenntnis auf seine Zukunft auswirken könnte.

INFO

> - Versetze dich in die Figur hinein.
> - Schreibe aus ihrer Sicht und in ihrer Sprache in der Ich-Form.
> - Beziehe dich auf die Informationen aus dem Text.
> - Formuliere Wünsche, Gedanken und Gefühle.

Eine Erzählung erschließen

1 a) Lies die Überschrift und betrachte die Abbildung zu der folgenden Erzählung.
Worum könnte es in der Erzählung gehen? Notiere deine Vermutung in einem Satz.

_____

b) Lies die Erzählung und überprüfe deine Vermutung.

Jakob und Wilhelm Grimm

Der alte Großvater und der Enkel

Es war einmal ein steinalter Mann, dem waren die Augen trüb geworden, die
Ohren taub, und die Knie zitterten ihm. Wenn er nun bei Tische saß und den Löffel
kaum halten konnte, schüttete er Suppe auf das Tischtuch, und es floss ihm auch
etwas wieder aus dem Mund.

5 Sein Sohn und dessen Frau ekelten sich davor, und deswegen musste sich der alte
Großvater endlich hinter den Ofen in die Ecke setzen, und sie gaben ihm sein
Essen in ein irdenes Schüsselchen* und noch dazu nicht einmal satt;
da sah er betrübt nach dem Tisch, und die Augen wurden ihm nass. Einmal auch
konnten seine zittrigen Hände das Schüsselchen nicht fest halten, es fiel zur Erde

10 und zerbrach. Die junge Frau schalt, er sagte aber nichts und seufzte nur.
Da kaufte sie ihm ein hölzernes Schüsselchen für ein paar Heller, daraus musste
er nun essen.
Wie sie da so sitzen, so trägt der kleine Enkel von vier Jahren auf der Erde kleine
Brettlein* zusammen. „Was machst du da?", fragte der Vater.

15 „Ich mache ein Tröglein*", antwortete das Kind, „daraus sollen Vater und Mutter
essen, wenn ich groß bin." Da sahen sich Mann und Frau eine Weile an, fingen
endlich an zu weinen, holten sofort den alten Großvater an den Tisch und ließen
ihn von nun an immer mitessen, sagten auch nichts, wenn er ein wenig
verschüttete.

das irdene
Schüsselchen:
kleine Tonschüssel

das Brettlein:
kleines, flaches
Holzstück
das Tröglein:
kleiner Futter-
behälter für Tiere

HILFE

*Das Thema der
Erzählung ist ...*

*In der Erzählung geht
es um ...*

*Die Erzählung
handelt von ...*

2 Formuliere das Thema der Erzählung in ein bis zwei Sätzen.

_____

_____

_____

3 a) Kläre die folgenden drei Begriffe aus dem Textzusammenhang.
Notiere jeweils ein Synonym.

betrübt (Zeile 8): _____

schalt (Zeile 10): _____

der Heller (Zeile 11): _____

b) Was bedeutet der Ausdruck „und noch dazu nicht einmal satt" (Zeile 7)?
Formuliere den Ausdruck in einen vollständigen Satz um.

_____

_____

4 a) Teile den Text in drei Abschnitte und notiere die Zeilenangaben in der Tabelle.

b) Formuliere zu jedem Abschnitt eine passende Überschrift.

c) Ergänze wichtige Informationen und Handlungsschritte in Stichpunkten.

1. Abschnitt Z. ____ – ____	Überschrift: *Beschreibung des Großvaters* –
2. Abschnitt Z. ____ – ____	Überschrift:
3. Abschnitt Z. ____ – ____	Überschrift:

5 Warum ändern die Eltern am Ende des Textes ihr Verhalten dem Großvater gegenüber?
Erkläre die Reaktion der Eltern mit deinen eigenen Worten.

_____

_____

_____

Eine literarische Figur untersuchen

❗ Äußere und innere Handlung unterscheiden

Das **Verhalten** von literarischen Figuren offenbart etwas über ihren Charakter.
Bei der Beschreibung des Verhaltens unterscheidet man zwischen **äußerer Handlung**
(Was sagt und tut die Figur?) und **innerer Handlung** *(Was denkt, wünscht, fühlt die Figur dabei?).*

1 Untersuche die Figur des Großvaters in dem Text „Der alte Großvater und der Enkel".

a) Unterstreiche alle Informationen zu der Figur des Großvaters im ersten Abschnitt.

b) Notiere die Informationen stichpunktartig und ergänze Zeilenangaben in Klammern.

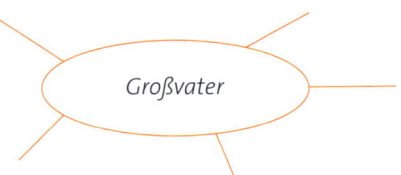

c) Welche Adjektive beschreiben die Figur des Großvaters? Kreise ein.

> schwach   vital   zerbrechlich   sportlich   gebrechlich   duldsam
> ungehorsam   gehorsam   trotzig   mürrisch   fröhlich   mutig
> geduldig   aufopferungsvoll   zurückhaltend

2 Analysiere die Handlungen des Großvaters.

a) Unterstreiche die Handlungen der Figur im Text.

b) Notiere einzelne Handlungen stichpunktartig in der linken Tabellenspalte und
ergänze mögliche Gedanken und Gefühle der Figur in der rechten Spalte.

Äußere Handlung Was sagt und tut er?	Innere Handlung Was denkt und fühlt er dabei?

3 Die Erzählung enthält eine Lehre. Formuliere diese mit deinen eigenen Worten.

_____

_____

Zu einer Erzählung schreiben

> **Eine literarische Figur beschreiben**
> - Beschreibe die Figur **sachlich und genau**.
> - Gehe zuerst auf **äußere Merkmale** (Name, Alter, Aussehen, Lebensumstände) ein.
> - Beschreibe anschließend **Verhaltensweisen, Eigenschaften, Wünsche und Ziele**
>   der Figur sowie ihr **Verhältnis zu den Mitmenschen**.
> - **Belege deine Aussagen** zu der Figur mit Zitaten aus dem Text.
> - Schreibe im **Präsens**.

1 a) Welches Zitat belegt welche Aussage zu der Figur des Großvaters? Verbinde.

(1) Der Großvater leidet unter dem Verhalten der Familie.

(2) Der Großvater ist seinen Kindern nichts mehr wert, sie vernachlässigen ihn.

(3) Die Familie lässt den Großvater hungern.

(A) „ein hölzernes Schüsselchen für ein paar Heller" (Zeile 11)

(B) „noch dazu nicht einmal satt" (Zeile 7)

(C) „er sagte aber nichts und seufzte nur" (Zeile 10)

b) Formuliere aus den Aussagen und den Zitaten drei vollständige Sätze zu der Figur des Großvaters. Beachte dabei die Zeichensetzung.

(1) Der Satz _____

(Zeile _____) lässt vermuten, dass _____

_____ .

(2) Der Großvater _____

_____ .

Dies erkennt man daran, dass _____

_____ (Zeile _____) _____ .

(3) Die Aussage _____ (Zeile _____)

macht deutlich, dass _____

_____ .

c) Verfasse eine vollständige Beschreibung der Figur des Großvaters. Verwende deine Ergebnisse von den Seiten 16 bis 19. Schreibe in dein Heft.

2 Die Erzählung „Der alte Großvater und der Enkel" stammt aus einem Buch der Brüder Grimm aus dem Jahr 1812. Die Brüder sammelten Erzählungen und Märchen, die bereits eine lange Tradition hatten.

Schreibe eine Stellungnahme zu der Frage: Ist die Erzählung heute noch aktuell?
- Gib die Aussage des Textes wieder.
- Formuliere deine Meinung dazu.
- Begründe deine Meinung mit Argumenten.
- Fasse deine Gedanken zusammen.

HILFE

In der Erzählung „..." wird gezeigt ...

Meiner Meinung nach ist dieses Thema ...

Ein Grund dafür ist ...

In den Nachrichten wird immer wieder berichtet ...

Fit für Prüfungen!

Ein Gedicht analysieren

Robert Gernhardt

**U-Bahnhof Miquel-Adickes-Allee
15 Uhr 30**

Der Knall. Der bittre
Geruch von Bier.
Die spritzenden Scherben
über kreischenden Fliesen.
5 Einer, der sich entfernt
in die U-Bahn-Unterführung.
Einer, der, stehen geblieben,
ihm ungläubig nachschaut:
„Was muss der für eine Wut im Bauch haben!"

10 Die Furcht. Der kahle
Hinterkopf. Das breite
Kreuz. Die geballten
Fäuste an den Jeansnähten.
Einer, dessen Schritt hallt
15 in der leeren Unterführung.
Einer, der im Stillen
der Bierflasche dankt:
„Was, wenn der stattdessen seine Wut an mir ausgelassen hätte!"

Aufgabe A:

Analysiere das Gedicht „U-Bahnhof Miquel-Adickes-Allee 15 Uhr 30" von Robert Gernhardt. Beschreibe den Aufbau und untersuche die sprachlichen Mittel in ihrer Wirkung.
Schreibe einen Text, in dem du deine Ergebnisse darlegst und zu dem Thema des Gedichts Stellung nimmst.

Aufgabe B: Wahlaufgabe

1 Verfasse eine Beschreibung der Person, die in der U-Bahn-Unterführung verschwindet. Verwende dazu die Informationen aus dem Text und ergänze sie mit eigenen Ideen.

2 Schreibe die E-Mail, die die beobachtende Figur am Abend dieses Tages ihrer Freundin schickt.
Die Figur beschreibt darin ihre Gedanken nach diesem Erlebnis und die Gefühle, die es in ihr wachgerufen hat.

Hi Tina,
bin schon eine Weile zu Hause, aber mir geht immer
noch diese Situation im U-Bahnhof durch den Kopf …

1 **a)** Lies die Aufgabenstellungen zu dem Gedicht genau und unterstreiche die Operatoren.

b) Was sollst du tun? Welche Teilaufgaben musst du bearbeiten? Kreuze richtige Aussagen an.

Ich soll ☐ einen ☐ zwei ☐ drei Text(e) schreiben.

Ich muss ...

☐ einen Einleitungssatz zum Gedicht formulieren.

☐ das Thema des Gedichts in einem Satz zusammenfassen.

☐ das Gedicht ausführlich nacherzählen.

☐ den Inhalt des Gedichts in knapper Form wiedergeben.

☐ Anzahl und Aufbau der Strophen sowie das Reimschema beschreiben.

☐ alle Reimwörter aufschreiben.

☐ die Sprache beschreiben (Wortwahl, Wiederholungen, Satzlänge, Stilmittel).

☐ erklären, wie die Form und die sprachlichen Mittel auf den Leser wirken.

☐ meine Gedanken zum Thema des Gedichts formulieren.

☐ das Gedicht um eine Strophe ergänzen.

☐ für Aufgabe B 1 die Figur des lyrischen Ich beschreiben.

☐ für Aufgabe B 2 die E-Mail aus der Sicht eines Mädchens schreiben.

Aufgabe A

2 Lies den Titel des Gedichts. Welche Gedanken kommen dir dazu? Woran erinnert er dich? Formuliere deine Gedanken in einem vollständigen Satz.

_____

3 Worum geht es in dem Gedicht? Kreuze die richtige Antwort an.

☐ Das Gedicht beschreibt eine Schlägerei zwischen zwei Betrunkenen in einem U-Bahnhof.

☐ In dem Gedicht wird dargestellt, wie ein Neonazi in einem U-Bahnhof randaliert.

☐ In dem Gedicht wird beschrieben, wie eine Figur das aggressive Verhalten eines Mannes in einem U-Bahnhof beobachtet.

4 Erschließe den genauen Inhalt des Gedichts.

a) Markiere im Text Hinweise zum Ort, zur Zeit und zu den Figuren mit unterschiedlichen Farben.

b) Was passiert in dem Gedicht? Gib die Situation in einigen Sätzen wieder.

_____

_____

_____

5 Beschreibe die äußere Form des Gedichts.

a) Notiere Angaben zur Anzahl der Strophen und Verse.

_____

b) Formuliere eine Aussage zum Reimschema.

_____

c) Welche weiteren Dinge fallen dir auf? Notiere in Stichpunkten.

_____

_____

6 Untersuche die sprachlichen Mittel im Gedicht.

a) Ergänze die Tabelle zu den im Gedicht verwendeten Stilmitteln.

Textzitat	Stilmittel	Wirkung
Der Knall. (Vers 1) Die Furcht. (Vers 10)		
	Alliteration	Anfangslaut ahmt das entstehende Geräusch nach, klingt wie zerbrechendes Glas
kreischende Fliesen (Vers 4)		
Einer, der sich entfernt [...] Einer, der, [...] (Vers 5–8)		
	Enjambement	

b) Im Gedicht werden vielfach Geräusche beschrieben, die einen Kontrast bilden zu der Stille der beobachtenden Figur. Notiere die Ausdrücke, die Geräusche wiedergeben. Ergänze dahinter jeweils die Verszahl.

_____

_____

c) Welche Gefühle werden durch die sprachlichen Mittel zum Ausdruck gebracht? Welche Gesamtstimmung entsteht im Gedicht? Schreibe Stichpunkte.

_____

_____

_____

7 Bereite deine Stellungnahme zu dem Gedicht vor.

a) Welche Erinnerungen, Gedanken und Gefühle weckt das Gedicht in dir? Notiere.

_____

b) Wie gefällt dir das Gedicht? Kreuze an und formuliere darunter deine Begründung.

	Stimmt.	Stimmt eher nicht.	Trifft nicht zu.
Ich habe sofort Zugang zu dem Gedicht gefunden.	☐	☐	☐
Die bildhafte Sprache hat mich angesprochen.	☐	☐	☐
Das Gedicht hat mich verwirrt.	☐	☐	☐
Ich finde die dargestellten Gefühle übertrieben.	☐	☐	☐

Begründung: _____

8 Analysiere das Gedicht nun mit Hilfe deiner Notizen zu den Aufgaben 2 bis 7 in einem zusammenhängenden Text. Schreibe in dein Heft.

Wahlaufgabe B 1

9 a) Markiere im Gedicht alle Informationen zu der zu beschreibenden Figur.

b) Übertrage die Informationen in die Figurenkarte und ergänze eigene Ideen.

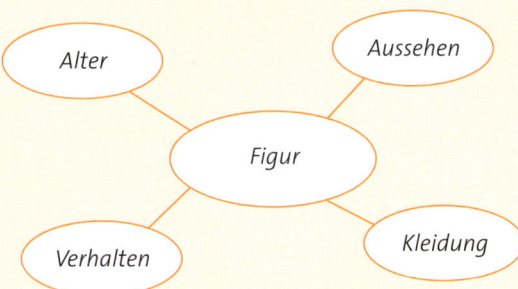

Alter — Aussehen — Figur — Verhalten — Kleidung

c) Erstelle einen Schreibplan und beschreibe die Figur in einem zusammenhängenden Text.

Wahlaufgabe B 2

10 a) In der E-Mail solltest du die unten stehenden Fragen beantworten. Nummeriere die Fragen in einer für die E-Mail sinnvollen Reihenfolge.

☐ Was denkt der Schreibende über das Erlebte? _____

☐ Wie fühlt sich der Schreibende im Augenblick? _____

☐ Welche Gedanken hat er zur Zukunft? _____

☐ Wie hat er sich in der Situation gefühlt? _____

☐ Was hat der Schreibende erlebt? _____

b) Notiere hinter jede Frage eine mögliche Antwort in Stichpunkten.

c) Verfasse die E-Mail. Schreibe in dein Heft.

Eine Pro-Kontra-Erörterung schreiben

Eine Pro-Kontra-Erörterung schreiben

Die Erörterung ist eine **schriftliche Form der Argumentation**.
Bei der Pro-Kontra-Erörterung werden zwei gegensätzliche Meinungen zu einem Thema gegenübergestellt. Dabei werden **Argumente und Gegenargumente** abgewogen. Folgende fünf Schritte helfen dir, eine Erörterung zu schreiben:
- Lege eine **Stoffsammlung** an, in der du Pro- und Kontra-Argumente notierst.
- Bilde dir **deine Meinung** zu der vorgegebenen Fragestellung.
- Entwirf einen **Schreibplan**.
- Formuliere **Hauptteil, Einleitung und Schluss** der Erörterung.
- **Überarbeite** deine Erörterung.

1 Das Internet kann Schülerinnen und Schüler beim Lernen unterstützen, aber auch zu Problemen führen. Notiere stichpunktartig deine Gedanken zu Vor- und Nachteilen der Internetnutzung für schulische Zwecke.

2 Lies die folgenden Kommentare von Schülerinnen, Schülern und Lehrkräften zu der Frage von Aufgabe 1.

(1) „Kumpels, die auch online sind, helfen mir weiter, wenn ich bei den Hausaufgaben etwas nicht verstehe.“

(2) „Viele Schüler kopieren einfach Texte aus dem Internet, ohne über diese nachzudenken.“

(3) „Wer Inhalte aus dem Internet kopiert und als seine eigene Leistung darstellt, bekommt eine 6, schließlich ist das Betrug.“

(4) „Man findet total viele Informationen zu fast jedem Thema, auch ganz aktuelle.“

(5) „Manche merken es gar nicht, wenn sie Sachen aus dem Internet übernehmen, die offensichtlich falsch sind.“

(6) „Immer, wenn ich Hausaufgaben mache, bin ich online, damit ich nicht verpasse, wenn meine Freunde was Lustiges posten.“

(7) „Bücher braucht man gar nicht mehr, ich schaue alles im Internet nach.“

(8) „Durch die Möglichkeit, ohne viel Aufwand selbst zu recherchieren, werden die Schüler viel selbstständiger.“

(9) „Im Netz gibt's mittlerweile viele Übungsseiten, Lernhilfen, Mathe- und Vokabeltrainer!“

(10) „Im Internet tauschen wir uns immer über Lehrer oder Mitschüler unserer Schule aus, was die wieder für einen Mist gebracht haben.“

3 Prüfe die Kommentare in Aufgabe 2.

a) Streiche Kommentare, die für die Erörterung der Frage „Verhilft das Internet zu mehr Schulerfolg?" wenig hilfreich sind.

b) Schreibe hinter Kommentare, die Vorteile der Internetnutzung benennen, ein Pluszeichen (+), hinter Kommentare zu Problemen ein Minuszeichen (–).

4 Lege zur Erörterung der Frage eine Stoffsammlung an.

a) Formuliere aus den Kommentaren von Aufgabe 2 sachliche Argumente in Stichpunkten und ordne sie in die Tabelle ein.

b) Notiere weitere Argumente mit Hilfe deiner Stichpunkte von Aufgabe 1.

Pro: Vorteile der Internetnutzung	Kontra: Probleme der Internetnutzung

5 Welche Meinung vertrittst du? Formuliere deine Meinung in einem Satz.

_____

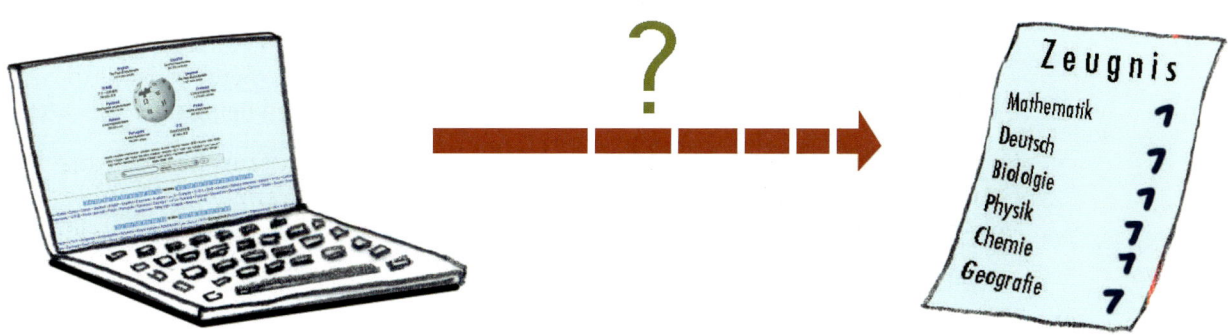

Einen Schreibplan erstellen

> **⚠ Einen Schreibplan für eine Pro-Kontra-Erörterung erstellen**
>
> Plane den **Aufbau** deiner Erörterung:
> - Wähle aus der Stoffsammlung **geeignete Argumente** aus.
> - **Bewerte** die Argumente: Welches überzeugt deiner Ansicht nach
>   am stärksten (+++), welche Argumente überzeugen weniger (++),
>   welche findest du eher schwach (+)?
> - Bringe die Argumente in eine sinnvolle **Reihenfolge**.
>   Das stärkste Argument für deine Position sollte zuletzt genannt werden.
> - Ergänze passende **Belege und Beispiele**.

1 a) Lies noch einmal die Pro- und Kontra-Argumente in der Tabelle auf Seite 25,
Aufgabe 4. Streiche Argumente, die inhaltlich nicht passen oder nicht ausreichend
überzeugen.

b) Bewerte alle weiteren Argumente mit Hilfe von Kreuzen. Notiere deine Bewertung
jeweils neben das Argument.

+++	++	+
das stärkste Argument, es überzeugt am meisten	ein weniger starkes Argument	das schwächste Argument

2 a) Trage die Gegenposition und deine Position zu der Frage „Verhilft das Internet
zu mehr Schulerfolg?" in den Schreibplan auf Seite 27 ein.

b) Übertrage die Argumente in Stichpunkten in den Schreibplan auf Seite 27.
Ordne sie dabei nach dem Sanduhr-Prinzip.

3 Argumente sollen durch Beweise, Zitate oder Beispiele belegt werden.

a) Unterstreiche in dem folgenden Textauszug Argument und Beleg in verschiedenen
Farben.

Ein großes Problem bei der Internetnutzung ist, dass viele Schülerinnen und
Schüler nur noch Texte aus dem Internet kopieren, ohne sie zu verstehen. Wenn
man nicht selbst nachdenkt, dann lernt man nichts. Beim Schreiben einer Inhaltsangabe zu einem Text im Fach Deutsch ist es beispielsweise viel gewinnbrin-
5 gender, wenn man selbst überlegen muss, was in die Inhaltsangabe gehört und
wie man den Inhalt sachlich ausdrückt. Wenn man eine fertige Inhaltsangabe aus
dem Internet übernimmt, ist man zwar schnell fertig, hat aber nichts gelernt.

b) Welche Art von Beleg wurde verwendet? Kreuze an.

☐ Zitat einer bedeutenden Persönlichkeit   ☐ Beschreibung der eigenen Erfahrung

☐ Aussage eines Zeitungsberichts   ☐ Darstellung eines Beispiels

☐ Ergebnis einer wissenschaftlichen
Untersuchung

c) Ergänze im Schreibplan auf Seite 27 zu jedem Argument einen Beleg oder
ein Beispiel in Stichpunkten. Stelle dir dazu die folgenden Fragen:
– Hat ein Experte (Wissenschaftler/in, Lehrer/in) zu dieser Sache etwas gesagt?
– Hast du darüber etwas gehört oder gelesen (im Radio, in der Zeitung)?
– Hast du so eine Situation selbst schon einmal erlebt?
– Welches Beispiel fällt dir dazu ein?

INFO

Das Sanduhr-Prinzip:
Führe zuerst die
Gegenargumente
an, vom stärksten
(+++) zum
schwächsten (+)
Argument.
Notiere dann die
Argumente für
deine Position, vom
schwächsten (+) zum
stärksten (+++)
Argument.

Schreibplan: Verhilft das Internet zu mehr Schulerfolg?

Gegenposition: _____

_____

1. Stärkstes Argument (+++): _____

_____

Beleg/Beispiel: _____

_____

2. Weniger starkes Argument (++): _____

_____

Beleg/Beispiel: _____

_____

3. Schwächstes Argument (+): _____

_____

Beleg/Beispiel: _____

_____

Meine Position: _____

_____

1. Schwächstes Argument (+): _____

_____

Beleg/Beispiel: _____

_____

2. Weniger starkes Argument (++): _____

_____

Beleg/Beispiel: _____

_____

3. Stärkstes Argument (+++): _____

_____

Beleg/Beispiel: _____

_____

Den Hauptteil schreiben

Argumente ausformulieren und verknüpfen

Im **Hauptteil** stellst du die unterschiedlichen Meinungen zu der Ausgangsfrage dar und versuchst, den Leser durch Argumente von deiner Meinung zu überzeugen.
- Beginne mit der **Gegenposition** und führe deren Argumente in absteigender Reihenfolge (+++ → +) an.
- Leite dann über zu deiner **eigenen Position** und führe deine Argumente in steigernder Reihenfolge (+ → +++) an. Führe dein stärkstes Argument zuletzt aus.
- Verbinde jedes Argument und den zugehörigen Beleg mit sprachlichen Mitteln.
- Verwende **passende Verknüpfungsmittel**, um von einem Argument zum nächsten überzuleiten.
- Schreibe in einem **sachlichen Stil**.

1 **a)** Unterstreiche in den folgenden zwei Beispielen die Argumente und die zugehörigen Belege bzw. Beispiele in verschiedenen Farben.

b) Markiere die sprachlichen Mittel, die jeweils Argument und Beleg bzw. Beispiel verbinden.

(1) Ein Vorteil des Internets besteht darin, dass sich Schülerinnen und Schüler von zu Hause aus bei den Hausaufgaben helfen können. Beispielsweise habe ich neulich einen Mitschüler, der auch online war, über Facebook nach der Mathematikhausaufgabe gefragt. Er hat mir den Rechenweg erklärt, und ich konnte die restlichen Aufgaben allein lösen.

(2) Das Internet bietet eine Vielfalt an Übungsprogrammen und Lernhilfen. Aus eigener Erfahrung mit dem Online-Vokabeltrainer zu unserem Englischbuch kann ich sagen, dass sich solche Internetangebote sehr gut zur Vorbereitung von Klassenarbeiten eignen.

Argument **Beleg**

2 Formuliere das stärkste Argument der Gegenposition (1) und das stärkste Argument für deine Position (2) aus. Verbinde die Argumente jeweils mit einem passenden Beleg oder Beispiel. Nutze dafür Satzanfänge aus der Randspalte.

Das wird deutlich an …

Das zeigt …

Beispielsweise …

Ein Beispiel dafür ist …

Aus eigener Erfahrung kann ich sagen, dass …

Das kann man daran sehen, dass …

So … beispielsweise …

Zahlen/Untersuchungen belegen …

(1) _____

_____

_____

_____

_____

(2) _____

_____

_____

_____

3 Nicht nur Argument und Beleg müssen verknüpft werden, sondern auch die einzelnen Argumente.

a) Mit welchem sprachlichen Mittel werden die folgenden zwei Argumente verbunden? Markiere.

Ein Problem ist, dass Schüler/innen Texte aus dem Internet kopieren, ohne darüber nachzudenken. [...] Hinzu kommt, dass dabei auch Fehler aus dem Internet übernommen und verbreitet werden. [...]

b) Ordne das Verknüpfungsmittel aus dem Satz oben in die Tabelle ein.
Ergänze in jeder Spalte weitere sprachliche Mittel aus der Randspalte.

Sprachliche Mittel zum Verknüpfen von Argumenten	
Argumente aufzählen	Argumente steigern (+ → +++)

Zunächst ...

Des Weiteren ...

Es ist wichtig zu sehen, ...

Mindestens ebenso wichtig ist ...

Noch bedeutsamer erscheint mir ...

Eine weitere Tatsache darf nicht vergessen werden: ...

Ein weiteres Argument ist ...

Außerdem muss bedacht werden ...

Außerdem spielt ... eine Rolle.

Weiterhin ist zu bedenken, dass ...

Weitaus wichtiger ist ...

Am wichtigsten ist jedoch ...

4 Suche für jedes Argument in deinem Schreibplan auf Seite 27 einen passenden Satzanfang aus der Tabelle. Notiere ihn auf Seite 27 jeweils neben das Argument.

5 a) Welche Satzanfänge sind dazu geeignet, von den Argumenten der Gegenposition zu den Argumenten für deine Position überzuleiten? Kreuze an.

☐ Das wichtigste Argument ist sicherlich ...

☐ Alle diese Punkte sprechen für (gegen) ... Viel mehr spricht aber dagegen (dafür): ...

☐ Auf der anderen Seite ist es aber so ...

☐ Nicht vergessen werden darf ...

☐ Andererseits muss jedoch gesehen werden, dass ...

b) Wähle einen Satzanfang und notiere ihn auf Seite 27 neben deine Position.

6 Formuliere mit Hilfe des Schreibplans auf Seite 27 den vollständigen Hauptteil im Heft.

Die Einleitung formulieren

Die Einleitung einer Pro-Kontra-Erörterung schreiben

Die **Einleitung** soll **zum Thema hinführen** und das **Interesse** der Leser/innen wecken.
- Beginne mit der Darstellung eines aktuellen Ereignisses, eines persönlichen Erlebnisses, einer Begriffserklärung oder mit interessanten Fakten oder Zahlen zum Thema.
- Formuliere die **Ausgangsfrage** deiner Erörterung.

1 a) Ordne die vier Möglichkeiten für den Beginn einer Einleitung den Beispielsätzen unten zu.

A Darstellung eines aktuellen Ereignisses

B Darstellung eines persönlichen Erlebnisses

C Begriffserklärung

D Fakten/Zahlen zum Thema

☐ (1) Das Internet, auch „World-Wide-Web" genannt, ist ein weltweites Computernetzwerk. …

☐ (2) Gestern berichtete mir ein Mitschüler begeistert: „Das Referat in Bio über das menschliche Auge war ganz leicht, ich habe dazu eine fertige Arbeit im Internet gefunden." …

☐ (3) 98 % der 10- bis 18-Jährigen nutzen laut einer aktuellen Studie des BITKOM-Verbandes fast täglich das Internet. …

☐ (4) Heute Vormittag haben wir im IT-Unterricht darüber diskutiert, ob es in allen Unterrichtsräumen der Schule einen Internetanschluss geben sollte. …

b) Welcher der vier Anfänge scheint dir am besten geeignet für die Erörterung der Frage, ob das Internet zu mehr Schulerfolg verhilft? Markiere deine Wahl.

HILFE

Es soll die Frage erörtert werden …

Es stellt sich die Frage …

Im Folgenden soll der Frage nachgegangen werden …

2 Formuliere einen weiteren Satz für die Einleitung, in dem du die Ausgangsfrage „Verhilft das Internet zu mehr Schulerfolg?" vorstellst.

_____

_____

3 Schreibe eine vollständige Einleitung in dein Heft. Nutze dafür den markierten Anfang aus Aufgabe 1 und deinen Satz aus Aufgabe 2.

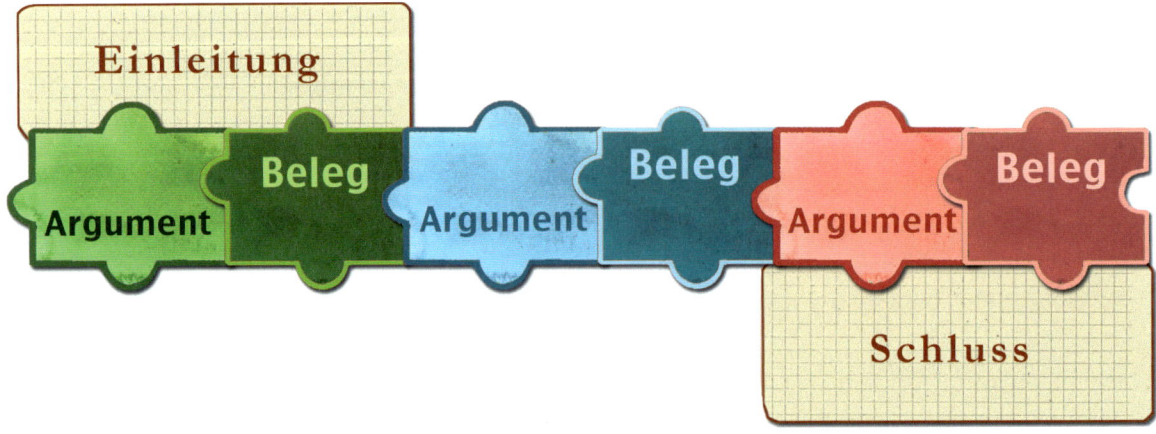

Den Schluss verfassen

Den Schluss einer Pro-Kontra-Erörterung schreiben

Der **Schluss** bildet zusammen mit der Einleitung den Rahmen für deine Erörterung.
- Formuliere abschließend deine **Meinung**.
- Nimm noch einmal **Bezug zur Einleitung**.
- Gib einen **Ausblick** auf die Zukunft oder äußere eine **Empfehlung** oder **Forderung**.

1 Ordne die sprachlichen Mittel aus der Randspalte in die Tabelle ein.

Formulierung der eigenen Meinung		
Formulierung eines Bezugs zur Einleitung	**Formulierung eines Ausblicks**	**Formulierung einer Empfehlung/Forderung**

Ich bin der Meinung, dass …

Wie oben beschrieben …

In der Zukunft werden/könnten …

Zukünftig sollte …

Ich vertrete den Standpunkt, dass …

Ich empfehle …

Bei Betrachtung dieser Argumente komme ich zu dem Schluss, dass …

Voraussichtlich werden …

Ich schlage daher vor, dass …

Meiner Ansicht nach …

Abschließend hoffe ich, dass …

Ich glaube, dass zukünftig …

Wie anfangs dargestellt …

Ich nehme an, dass in Zukunft …

2 Unterstreiche in deiner Einleitung im Heft Aussagen, auf die du im Schlussteil Bezug nehmen kannst.

3 Notiere Ideen für einen Bezug zur Einleitung, für einen Ausblick und für eine Empfehlung/Forderung in Stichpunkten.

Bezug zur Einleitung	Ausblick	Empfehlung/Forderung

4 Formuliere mit Hilfe der oben aufgelisteten sprachlichen Mittel und deiner Notizen aus Aufgabe 3 einen vollständigen Schluss. Schreibe in dein Heft.

Eine Erörterung überarbeiten

Eine Erörterung überarbeiten

- Prüfe **Aufbau und Inhalt** der Argumentation:
  - Sind Einleitung, Hauptteil und Schluss klar erkennbar und gut aufeinander bezogen?
  - Sind die Argumente inhaltlich zutreffend und überzeugend?
  - Werden die Argumente gestützt durch Belege oder Beispiele?
  - Sind die Argumente sinnvoll geordnet?
- Prüfe den **Ausdruck**:
  - Hast du die Sätze logisch verknüpft?
  - Ist die Wortwahl treffend und sachlich, hast du Wiederholungen vermieden?
- Korrigiere **Rechtschreibung, Grammatik und Zeichensetzung**.

1 Lies den folgenden Hauptteil einer Erörterung, die ein Schüler zu der Frage „Verhilft das Internet zu mehr Schulerfolg?" geschrieben hat. Kreuze an, welche Meinung der Schüler vermutlich vertritt.

☐ Der Schüler ist der grundlegenden Ansicht, dass das Internet zu mehr Schulerfolg verhilft.

☐ Der Schüler kommt zu dem Schluss, dass das Internet nicht zu mehr Erfolg in der Schule verhelfen kann.

Ein großes Problem bei der Internetnutzung ist, dass viele Schüler/innen nur noch Texte aus dem Internet kopieren, ohne sie zu verstehen. Wenn man nicht selbst nachdenkt, dann kapiert man doch nichts! Beim Schreiben einer Inhaltsangabe zu einem Text im Fach Deutsch ist es beispielsweise besser, selbst zu überlegen, was
5 in die Inhaltsangabe gehört. Wenn man googelt und eine Inhaltsangabe einfach so übernimmt, ist man zwar schnell fertig, hat aber nichts gelernt.

Schüler/innen übernehmen Texte manchmal aus dem Netz und geben sie als eigene Arbeit aus. Das ist doch Betrug! Wenn die erwischt werden, bekommen sie dafür eine schlechte Note. Mein Freund hat einmal ein komplettes Referat über
10 die Weltwirtschaftskrise aus dem Netz kopiert und unverändert vorgetragen. Die Lehrerin hat das sofort bemerkt und dafür die Note 6 gegeben. So etwas Bescheuertes passiert ihm nicht noch einmal!

Ein weiteres Problem ist, dass sich manche Schüler/innen eher über das Internet ablenken lassen, als es sinnvoll zu nutzen.

15 Nachdem ich die Nachteile erörtert habe, die sich aus der Nutzung des Internets für schulische Zwecke ergeben können, möchte ich nun auf die Vorteile eingehen. Im Internet werden viele Lernprogramme angeboten. Unsere Englischlehrerin empfiehlt uns immer wieder das Üben mit dem Vokabeltrainer, der im Internet passend zu unserem Englischbuch angeboten wird.

20 Man kann das Internet gut zur Informationssuche nutzen. Vor kurzem musste ich für das Fach Erdkunde ein Referat zum Thema „Klimawandel" ausarbeiten. Ich habe im Online-Lexikon Wikipedia und auf den Seiten von Greenpeace und Spiegel-online viele coole Informationen gefunden. Es gab dort auch Schaubilder und Grafiken, das war ganz easy!

25 Der größte Vorteil des Internets besteht aber meiner Meinung nach darin, dass die Schüler/innen durch die Nutzung selbstständiger werden. Sie können ohne Aufwand eigenständig nach Informationen suchen. Sie lernen nicht nur von den Lehrkräften aufbereitetes Wissen, sondern informieren sich auch selbst weiter. Im Physikunterricht haben wir letzte Woche über Atomkraft gesprochen. Ich habe
30 dann zu Hause im Internet weiter recherchiert, weil ich mich für dieses Thema interessiere. Ich wäre dafür nicht extra in die Bibliothek gegangen.

2 Lies den Schülertext auf Seite 32 noch einmal. Markiere Auffälligkeiten und notiere Korrekturhinweise an den Rand.

3 Prüfe den Aufbau und den Inhalt des Hauptteils.

a) Unterstreiche im Text die Argumente und die zugehörigen Belege und Beispiele mit unterschiedlichen Farben.

b) Hake in der Checkliste die zutreffenden Dinge ab und notiere darunter, was in dem Schülertext noch verbessert werden muss.

Aufbau und Inhalt des Hauptteils:

- ☐ Alle Argumente sind inhaltlich zutreffend und überzeugend.
- ☐ Alle Argumente sind durch Beispiele/Belege gestützt.
- ☐ Die Argumente sind sinnvoll geordnet.

_____

_____

4 Prüfe den Ausdruck im Text.

a) Markiere Überleitungen und Verknüpfungen im Schülertext.

b) Das folgende Argument aus dem Schülertext kann noch besser mit dem zugehörigen Beispiel verbunden werden. Notiere einen Vorschlag.

„Man kann das Internet gut zur Informationssuche nutzen. Vor kurzem musste ich für das Fach Erdkunde ein Referat zum Thema „Klimawandel" ausarbeiten. [...]" (Zeile 20–21)

_____

_____

c) Kennzeichne im Schülertext Argumente, die noch nicht ausreichend mit dem vorhergehenden Argument verbunden sind. Schreibe an den Rand jeweils eine passende Formulierung zur Verknüpfung.

5 a) Wortwiederholungen am Satzanfang können vermieden werden, wenn man die Satzglieder umstellt. Überarbeite das folgende Beispiel, indem du das unterstrichene Satzglied an den Satzanfang stellst.

„Sie können ohne Aufwand selbst nach Informationen suchen. Sie lernen nicht nur von den Lehrkräften aufbereitetes Wissen, [...]" (Zeile 26–28)

_____

_____

b) Markiere im Schülertext eine weitere Wiederholung am Satzanfang. Unterstreiche ein Satzglied, das stattdessen am Satzanfang stehen könnte.

6 Umkreise im Schülertext alle umgangssprachlichen Ausdrücke und notiere Alternativen an den Rand.

7 Überarbeite den Hauptteil vollständig. Schreibe in dein Heft.

8 Überarbeite deine eigene Erörterung im Heft. Prüfe neben Aufbau, Inhalt und Ausdruck auch die sprachliche Richtigkeit (Rechtschreibung, Grammatik, Zeichensetzung).

Fit für Prüfungen!

Eine Pro-Kontra-Erörterung schreiben

Freiwilliges Soziales Jahr – Engagement, das sich lohnt

Du willst ...
- dich für andere sinnvoll engagieren,
- dich praktisch im sozialen Bereich ausprobieren und orientieren,
- Verantwortung für dich und andere übernehmen,
5 - dich in einem Team einbringen,
- dich persönlich weiterentwickeln und lernen,
  dein Leben auf eigene Faust zu meistern?
Dann ist das Freiwillige Soziale Jahr genau das Richtige für dich!

Das **Freiwillige Soziale Jahr (FSJ)** ist ein Bildungs- und
10 Orientierungsjahr für junge Menschen in Deutschland,
die die Vollzeitschulpflicht erfüllt und noch nicht das
27. Lebensjahr vollendet haben. Es ist kein Ausbildungs-
und kein Arbeitsverhältnis.
Das FSJ bietet den Teilnehmenden die Chance, etwas für
15 sich und andere Menschen zu tun. Dabei gibt es vielfältige
Einsatzmöglichkeiten, unter anderem in Kinder- und
Altenheimen, Sportvereinen, im Bereich Denkmalpflege
und im Umweltschutz.
Das FSJ verbindet praktische Tätigkeit in Einsatzstellen
20 und Weiterbildungsangebote in Seminaren. Bundesweit
nehmen jährlich etwa 30.000 Jugendliche daran teil.
In der Regel dauert das FSJ ein Jahr. Die Mindestdauer beträgt sechs Monate, mit
einer Verlängerung sind höchstens 18 Monate Dienst möglich. Bei bestimmten
Ausbildungen wird es als Vorpraktikum anerkannt.

25 **Deine Arbeit im sozialen Bereich**
Die Einsatzgebiete im FSJ liegen in gemeinwohlorientierten Einrichtungen
der Wohlfahrtspflege. Das könnten sein:
- Einrichtungen für Menschen mit körperlichen und/oder geistigen
  Behinderungen
30 - Seniorenzentren bzw. Altenpflegeheime
- Krankenhäuser und Sozialstationen
- Tageseinrichtungen und Heime für Kinder und Jugendliche
- Kinder- und Jugendfreizeiteinrichtungen
- Kultureinrichtungen

35 **Du solltest ...**
- zwischen 15 und 26 Jahre alt sein und deine Vollzeitschulpflicht erfüllt haben,
- offen für die Arbeit mit alten, kranken und/oder behinderten Menschen sein,
- Lust haben, von und mit anderen zu lernen,
- Interesse am freiwilligen Engagement für die Gemeinschaft haben.

40 **Du bekommst im FSJ ...**
- die Möglichkeit, deine soziale Kompetenz weiterzuentwickeln,
- begleitende Seminarwochen und -tage,
- ein monatliches Taschengeld,
- einen Zuschuss zur Verpflegung und eventuell Unterkunftsmöglichkeiten,
45 - mindestens 26 Tage Urlaub.

Aufgabe:

Du sollst deine Mitschülerinnen und Mitschüler in der Schülerzeitung über Möglichkeiten informieren, die ein Freiwilliges Soziales Jahr nach Abschluss der Schule bietet, und sie dazu anregen, über diesen Weg für die eigene Zukunft nachzudenken.

Schreibe einen Artikel mit der Überschrift „Freiwilliges Soziales Jahr – lohnt sich das?".
– Formuliere eine Einleitung, in der du das Interesse deiner Mitschülerinnen und Mitschüler an dem Thema weckst und die Frage aus der Überschrift vorstellst.
– Führe Argumente gegen und für ein Freiwilliges Soziales Jahr an. Ergänze zu jedem Argument einen Beleg oder ein Beispiel.
– Gestalte den Schluss so, dass du den Schülerinnen und Schülern ein Freiwilliges Soziales Jahr empfiehlst.

Ein Teampartner aus der Redaktion der Schülerzeitung hat bereits die folgenden Argumente stichpunktartig notiert.

FSJ:
– Orientierungsjahr zur Selbstfindung
– Chance, etwas Gutes zu tun
– man trifft nette Leute
– Anerkennung als Vorpraktikum für bestimmte Ausbildungen
– kein Ausbildungs- oder Arbeitsverhältnis → 1 Jahr verloren!?
– kein richtiges Einkommen
– Möglichkeit zur Weiterentwicklung der sozialen Kompetenz
– Urlaubsanspruch
– Möglichkeit der Weiterbildung (Seminare)
– monatliches Taschengeld, Verpflegungszuschuss, evtl. Unterkunftsmöglichkeit
– nur eingeschränkte Einsatzmöglichkeiten (Soziales, Sport, Umwelt)

1 Lies die Aufgabenstellung oben. Was ist zu tun? Nummeriere die Teilschritte, die für die Bearbeitung der Aufgabe notwendig sind.

☐	eigene Argumente ergänzen
☐	den Schreibplan anlegen
☐	Pro- und Kontra-Argumente ordnen
☐	Informationstext lesen und die wichtigen Informationen unterstreichen
☐	für den Hauptteil drei Argumente GEGEN das FSJ ausformulieren
☐	Argumente bewerten: jeweils drei aussagekräftige Argumente für und gegen das FSJ auswählen und gewichten (+++/++/+)
☐	Belege und Beispiele zu den Argumenten im Schreibplan ergänzen
☐	den Schluss schreiben
☐	den Artikel überarbeiten
☐	für den Hauptteil drei Argumente FÜR das FSJ ausformulieren
☐	alle vorgegebenen Argumente lesen und genau prüfen
☐	die Einleitung schreiben

2 a) Lies den Informationstext gründlich und prüfe die Stichpunkte in der Aufgabenstellung auf Seite 35. Streiche Argumente, die dir nicht überzeugend erscheinen.

b) Ordne die restlichen Argumente in die Tabelle unten ein und ergänze weitere Argumente.

Stoffsammlung: Freiwilliges Soziales Jahr – lohnt sich das?	
Pro FSJ	Kontra FSJ

3 Bewerte die Argumente in der Stoffsammlung und wähle drei Pro- und drei Kontra-Argumente für deinen Artikel.

4 a) In dem Artikel willst du die Leserinnen und Leser von den Vorteilen des FSJ überzeugen. In welcher Reihenfolge solltest du die Argumente im Hauptteil präsentieren? Kreuze die richtige Aussage an.

☐ Ich stelle zuerst die Kontra-Argumente vor und erläutere anschließend die Pro-Argumente.

☐ Ich stelle zuerst die Pro-Argumente vor und erläutere anschließend die Kontra-Argumente.

b) Entwirf in deinem Heft einen Schreibplan nach dem Sanduhr-Prinzip. Ergänze zu jedem Argument Ideen für Belege oder Beispiele.

5 a) Zu welchen Argumenten passen welche Belege oder Beispiele? Verbinde.

(1) Die Einsatzmöglichkeiten sind bei einem Freiwilligen Sozialen Jahr eingeschränkt.

(2) Während des FSJ bekommt man nur ein relativ geringes Taschengeld.

(3) Im FSJ entwickelt man soziale Kompetenz.

(A) Ein ehemaliger Schüler, der in einem Altenpflegeheim tätig ist, berichtet von 180 € monatlich.

(B) Einige Mitschülerinnen und Mitschüler interessieren sich für technische Berufe. Ihnen bietet das FSJ keine Möglichkeit, solche Tätigkeitsfelder kennen zu lernen.

(C) Bei der Arbeit in einer sozialen Einrichtung muss man auch mit Menschen professionell umgehen, die einem nicht sympathisch sind.

b) Verknüpfe jedes Argument mit dem zugehörigen Beleg oder Beispiel. Verwende dazu geeignete sprachliche Mittel.

(1) _____

_____

(2) _____

_____

(3) _____

_____

6 Schreibe den vollständigen Hauptteil des Artikels in dein Heft. Verknüpfe dabei die Argumente durch passende sprachliche Mittel miteinander.

7 a) Um welche Art von Einleitung handelt es sich bei den Beispielen unten? Ordne zu.

A Darstellung eines aktuellen Ereignisses

B Darstellung eines persönlichen Erlebnisses

C Begriffserklärung

D Fakten/Zahlen zum Thema

☐ (1) Jedes Jahr absolvieren 30.000 Jugendliche ein Freiwilliges Soziales Jahr.

☐ (2) Bist du noch unentschlossen und weißt nicht, was du nach dem Schulabschluss machen sollst? Neben der Berufsausbildung gibt es auch die Möglichkeit, ein so genanntes „Freiwilliges Soziales Jahr" (FSJ) zu machen. Darunter versteht man ...

☐ (3) Vielleicht geht es euch auch so: Ich überlege die ganze Zeit, welchen Beruf ich nach dem Schulabschluss ergreifen soll. Noch habe ich mich nicht entschieden. Aber neulich habe ich bei meinem Sportverein einen Aushang gelesen ...

b) Wähle ein Beispiel aus und setze die Einleitung im Heft fort.

8 Verfasse einen passenden Schluss für deinen Artikel. Schreibe in dein Heft.

9 Lies noch einmal die Aufgabenstellung auf Seite 35. Überarbeite Hauptteil, Einleitung und Schluss und schreibe den Artikel vollständig und sauber in dein Heft.

Einen Sachtext lesen und verstehen

Sachtexte erschließen

Folgende Schritte helfen dir, einen Sachtext zu erschließen:
- **Lies die Überschrift** und stelle **Vermutungen** über den Inhalt des Textes an.
  Beziehe auch **Abbildungen** zum Text in deine Überlegungen ein.
- **Überfliege** den Text. Überprüfe deine Vermutungen und benenne das **Thema**
  des Textes.
- Teile den Text in **Sinnabschnitte** ein.
- Lies den Text gründlich **Abschnitt für Abschnitt**.
  Markiere und kläre **unbekannte Wörter**.
  Unterstreiche **Schlüsselwörter** und fasse den **Inhalt** der einzelnen Abschnitte
  zusammen.

1 Lies die Überschrift und betrachte das Foto zum Text. Notiere in einem Satz, worum es in dem Text vermutlich geht.

_____

2 Überfliege den Text und formuliere einen Satz zum Thema des Textes.

_____

_____

Cyber-Mobbing – eine neue Dimension des Mobbings

Der Begriff „Mobbing" stammt aus dem Englischen und bedeutet übersetzt so viel wie „anpöbeln", „über jemanden herfallen". Dabei ist eine Person wiederholt und über einen längeren Zeitraum hinweg negativen Handlungen eines Einzelnen oder einer Gruppe ausgesetzt mit dem Ziel der sozialen Ausgrenzung des Opfers.

systematisch: planmäßig

5 Mobbing ist gekennzeichnet durch systematisch* durchgeführte Kränkungen, Verletzungen, Demütigungen, Drohungen oder sexuelle Belästigungen.
Die Situationen zeichnen sich zudem durch ein Macht-Ungleichgewicht zwischen Opfer und Täterinnen bzw. Tätern (meist sind es mehrere) aus. Die Handlungen werden von den Ausführenden* häufig bagatellisiert und geschehen im

die Ausführenden: Personen, die die Tat begehen; die Täter/innen

10 Verborgenen. Daher ist Mobbing unter Schülerinnen und Schülern für Lehrkräfte und Eltern oft schwer zu erkennen.
Grundsätzlich kann zwischen drei Formen von Mobbing unterschieden werden:
– Verbales Mobbing (Verspotten, Verbreiten von Gerüchten usw.)
– Physisches Mobbing (Schlagen, Stoßen usw.)
15 – Psychisches Mobbing (Ignorieren, Ausschluss aus einer Gruppe usw.)
Unter Cyber-Mobbing versteht man das absichtliche Beleidigen, Bedrohen, Bloßstellen oder Belästigen von Personen mit Hilfe moderner Kommunikationsmittel – meist über einen längeren Zeitraum hinweg. Oftmals findet es auf der verbalen und/oder psychischen Ebene statt. Aber auch physische Gewalt als
20 Antwort auf psychische Attacken oder in Form von „Happy Slapping" können Teil von Cyber-Mobbing sein. Von „Happy Slapping" spricht man, wenn Prügeleien mit der Handykamera gefilmt und anschließend als Video verbreitet werden.
Im Internet werden vor allem Foto- und Videoplattformen und soziale Netzwerke für Angriffe missbraucht. Auch Instant Messenger und das Handy werden für
25 Cyber-Mobbing genutzt. Oft sind die Opfer Jugendliche, in seltenen Fällen Erwachsene. In den meisten Fällen kennen sie die Täter/innen, auch Cyber-Bullys genannt, in der „realen" Welt.

Mobbing an sich ist kein neues Phänomen. Allerdings hat die Nutzung von Internet und Handy zur Schikane anderer weiter reichende Konsequenzen*

30 als herkömmliche Mobbing-Formen. Durch die permanente Verfügbarkeit* von Internet und Handy ist es nur schwer möglich, Cyber-Mobbing-Attacken zu entgehen. Anders als bei herkömmlichen Formen des Mobbings enden die Belästigungen nicht mit der letzten Schulstunde oder mit Arbeitsschluss. Angesichts der neuen Medien macht Mobbing auch vor den eigenen vier Wänden nicht Halt.

35 Soziale Netzwerke, E-Mail und Handy ermöglichen außerdem die schnelle Verbreitung von Inhalten an eine breite Öffentlichkeit. Mit einem einzigen Klick kann z.B. ein peinliches Foto an eine große Anzahl von Empfängerinnen und Empfängern geschickt werden. Sind solche Bilder einmal im Web veröffentlicht, können sie praktisch kaum mehr

40 entfernt werden. Das Internet hat ein langes Gedächtnis: Auch wenn Inhalte von einer Website gelöscht werden, sind sie möglicherweise schon vielfach

45 kopiert, weiterverschickt oder in Internet-Archiven abgespeichert worden.

Oft glauben die Täter/innen, im Internet anonym agieren zu

50 können, indem sie sich z.B. hinter einer erfundenen Identität verstecken. Dies lässt einerseits die Hemmschwelle für Belästigungen sinken: Cyber-Bullys

55 müssen sich nicht von Angesicht zu Angesicht mit den Reaktionen ihrer Opfer auseinandersetzen, und dadurch ist ihnen gar nicht

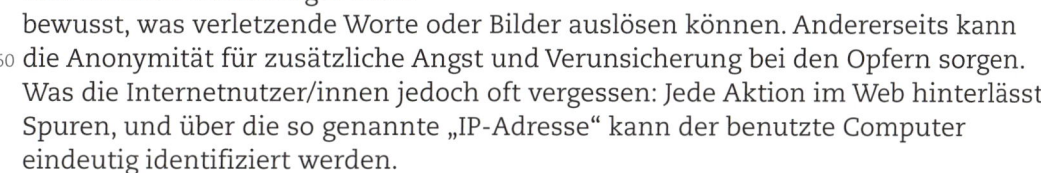

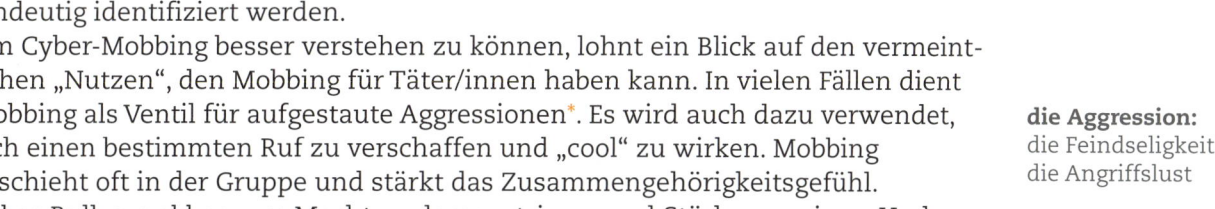

bewusst, was verletzende Worte oder Bilder auslösen können. Andererseits kann

60 die Anonymität für zusätzliche Angst und Verunsicherung bei den Opfern sorgen. Was die Internetnutzer/innen jedoch oft vergessen: Jede Aktion im Web hinterlässt Spuren, und über die so genannte „IP-Adresse" kann der benutzte Computer eindeutig identifiziert werden.

Um Cyber-Mobbing besser verstehen zu können, lohnt ein Blick auf den vermeint-

65 lichen „Nutzen", den Mobbing für Täter/innen haben kann. In vielen Fällen dient Mobbing als Ventil für aufgestaute Aggressionen*. Es wird auch dazu verwendet, sich einen bestimmten Ruf zu verschaffen und „cool" zu wirken. Mobbing geschieht oft in der Gruppe und stärkt das Zusammengehörigkeitsgefühl. Cyber-Bullys mobben, um Macht zu demonstrieren und Stärke zu zeigen. Und

70 in vielen Fällen spielen auch Versagensängste oder die Angst, selbst zu einem Mobbing-Opfer zu werden, eine Rolle. Vor allem „Mitläufer/innen" wollen ihre Zugehörigkeit zur Gruppe nicht riskieren.

die Konsequenz:
die Wirkung

die permanente Verfügbarkeit:
etwas ist immer vorhanden

die Aggression:
die Feindseligkeit, die Angriffslust

3 Markiere sinnvolle Abschnitte im Text.

4 Lies den Text noch einmal abschnittsweise.

   a) Markiere in jedem Abschnitt unbekannte Wörter. Überlege jeweils, ob du das Wort wirklich kennen musst, um die Textstelle zu verstehen. Wenn ja, dann erschließe das Wort aus dem Textzusammenhang oder schlage es in einem Wörterbuch nach.

   b) Unterstreiche in jedem Abschnitt die Schlüsselwörter.

5 Unterstreiche die folgenden Begriffe im Text und kreuze die jeweils zutreffende Umschreibung an. Entscheide anhand des Textzusammenhangs.

bagatellisieren (Zeile 9): ☐ geheim halten ☐ verharmlosen ☐ planen

verbal (Zeile 13): ☐ mit Worten ☐ durch Mimik ☐ durch Handzeichen

physisch (Zeile 14): ☐ aggressiv ☐ körperlich ☐ gewalttätig

psychisch (Zeile 15): ☐ direkt ☐ indirekt ☐ seelisch

die Schikane (Zeile 29): ☐ die Quälerei ☐ der Streit ☐ der Kampf

die Identität (Zeile 51): ☐ die Gleichheit ☐ die Existenz ☐ die Übereinstimmung

6 Notiere zu jedem Textabschnitt die Zeilenangaben und formuliere eine Überschrift.

1. Abschnitt Z. ___ – ___	
2. Abschnitt Z. ___ – ___	
3. Abschnitt Z. ___ – ___	
4. Abschnitt Z. ___ – ___	
5. Abschnitt Z. ___ – ___	
6. Abschnitt Z. ___ – ___	

7 Gib die folgenden Sätze aus dem Text mit eigenen Worten wieder.

(1) „Dabei ist eine Person [...] negativen Handlungen eines Einzelnen oder einer Gruppe ausgesetzt mit dem Ziel der sozialen Ausgrenzung des Opfers." (Zeile 2–4)

_____

_____

_____

(2) „Die Situationen zeichnen sich zudem durch ein Macht-Ungleichgewicht zwischen Opfer und Täterinnen bzw. Tätern [...] aus." (Zeile 7–8)

_____

_____

_____

(3) „Angesichts der neuen Medien macht Mobbing auch vor den eigenen vier Wänden nicht Halt." (Zeile 33–34)

_____

_____

(4) „In vielen Fällen dient Mobbing als Ventil für aufgestaute Aggressionen."
(Zeile 65–66)

_____

_____

8 Was ist mit den folgenden Ausdrücken gemeint? Notiere jeweils passende Beispiele.

„moderne Kommunikationsmittel" (Zeile 17–18):

_____

„herkömmliche Mobbing-Formen" (Zeile 30):

_____

„jede Aktion im Web" (Zeile 61):

_____

9 Welche Besonderheiten von Cyber-Mobbing im Vergleich zu herkömmlichen Mobbing-Formen werden aufgezählt? Unterstreiche im Text und notiere in Stichpunkten.

_____

_____

_____

_____

_____

10 Warum mobben „Cyber-Bullys"? Liste die im Text genannten Gründe auf.

_____

_____

_____

_____

_____

11 Welche Informationen waren neu für dich? Was hat dich überrascht? Schreibe Sätze.

HILFE

Ich habe nicht gewusst, dass ...

Ich fand interessant zu lesen, dass ...

Mich hat ... überrascht.

_____

_____

_____

_____

Sprache und Intention eines Sachtextes untersuchen

> **Sprache und Intention eines Sachtextes untersuchen**
>
> Die Sprache eines Textes gibt Aufschluss über die **Schreibabsicht** der Autorin
> oder des Autors: Soll der Text informieren, unterhalten, zu etwas auffordern?
> - Untersuche, in welchem **Ton** der Text geschrieben wurde (sachlich, ironisch,
>   auffordernd, kämpferisch, aggressiv, poetisch usw.).
> - Analysiere die **sprachlichen Mittel** des Textes. Kläre ihre Wirkung und Funktion.
> - Ziehe **Schlussfolgerungen** im Hinblick auf die Absicht der Autorin oder des Autors.
>   Belege deine Einschätzung mit Textbeispielen.

Wie ihr euch vor Cyber-Mobbing schützen könnt

Dass das Veröffentlichen solch krasser Beispiele wie gefilmte Vergewaltigungen
oder Schlägereien strafbar ist, wird wohl allen klar sein. Aber wie steht's denn mit
Beleidigungen in Foren, Chats oder Gästebüchern? Dazu gab es auch schon so
manche Gerichtsverhandlungen, in denen Angeklagte sich mit dem Argument
5 herausreden wollten, es sei doch Meinungsfreiheit, wenn man jemanden für blöd
halte und das auch öffentlich kund tue*. Damit hatten sie allerdings kein Glück,
denn das Internet ist kein rechtsfreier Raum*; eine dort niedergeschriebene
Beleidigung verletzt die gesetzlich garantierten Persönlichkeitsrechte und ist
somit nicht erlaubt.

10 Diese Rechtslage, die einen selbst vor Verleumdung* schützt, kann umgekehrt
schnell zur Gefahr werden. Dann nämlich, wenn man selbst nicht darüber
nachgedacht hat, was man schreibt und in irgendeinem Forum seine Wut über
Lehrer XY herauslässt und ihn namentlich nennt*. Oder wenn man ihm
womöglich auch noch etwas Falsches andichten will. Schon hat man den Straftat-
15 bestand „üble Nachrede und Verleumdung" gemäß § 186 und 187 Strafgesetzbuch
erfüllt und kann sich eine Anzeige einhandeln.

Wir gehen natürlich davon aus, dass ihr selbst niemals etwas Böses über andere in
Foren und Gästebücher schreibt ;-). Deshalb gehen wir jetzt nur noch darauf ein,
was ihr tun könnt, um euch davor zu schützen, selbst zum Opfer von Cyber-
20 Mobbing zu werden.

– Gebt niemals Passwörter oder PINs weiter!
Eure Daten und Zugänge zu Internetportalen sollen geschützt bleiben, damit
niemand in eurem Namen eine Straftat begehen kann.

– Googelt nach euch selbst!
25 Um herauszufinden, wie viel Information über euch im Internet unterwegs ist,
solltet ihr mal euren vollen Namen, eure E-Mail-Adresse, eure Telefonnummer,
eure ICQ-Nummer usw. in die Suchmaske einer Suchmaschine eingeben und auch
nach Bildern suchen, die in Zusammenhang mit eurem Namen stehen. Taucht er
irgendwo auf, wo ihr es nicht wollt, bittet die Webseitenbetreiber, ihn zu löschen.

30 – Reagiert nicht auf Beleidigungen!
Auch wenn es schwerfällt, sendet keine Antworten auf beleidigende SMS oder
E-Mails, damit Cyber-Bullys sich nicht weiter angestachelt fühlen. Wenn ihr
laufend solche Mails bekommt, eröffnet notfalls einen neuen Account.

– Bewahrt Beweismittel auf!
35 Da solche Aktionen strafbar sind, könnt ihr Anzeige erstatten. Dafür braucht die
Polizei allerdings die Aufnahmen, SMS oder Mails. Deshalb lösch sie erst mal
nicht.

kund tun:
äußern, sagen
der rechtsfreie Raum:
Ort, an dem keine
Gesetze gelten

die Verleumdung:
Verbreitung von
Lügen

namentlich nennen:
mit Namen nennen

– Nehmt Beleidigungen in Foren nicht hin!
Das ist sogar höchstrichterlich beschlossen worden. Die höchsten Richter für
40 Zivilfragen am Bundesgerichtshof haben entschieden, dass die Betreiber eines
Internet-Forums beleidigende Äußerungen auf Wunsch der oder des Beleidigten
löschen müssen.

– Helft auch anderen, die beleidigt werden!
Wenn ihr seht, dass andere in Foren oder per SMS beleidigt werden, schreitet ein
45 und helft der Person. Oft sind die Betroffenen in der Situation überfordert, sich
dagegen zu wehren, und brauchen euch! Wenn Cyber-Bullys mitbekommen, dass
ihr Opfer nicht allein ist, dann hören sie meist schnell auf.

1 Überfliege den Text und formuliere das Thema in einem Satz.

_____

2 a) Lies den Text noch einmal genau und markiere sprachliche Auffälligkeiten.

b) Woher könnte der Text stammen? Notiere deine Vermutung.

_____

c) Für wen und mit welcher Absicht wurde der Text geschrieben? Notiere.

_____

3 a) In welchem Ton wurde der Text verfasst? Kreuze an.

☐ neutral ☐ aggressiv ☐ auffordernd ☐ sachlich ☐ poetisch ☐ ironisch

b) Welche sprachlichen Mittel erzeugen diese Wirkung?
Wähle zutreffende Angaben aus der Randspalte aus und notiere sie links.
Ergänze rechts Textbeispiele mit Zeilenangaben.

– _____   _____

– _____   _____

– _____   _____

Passiv-Form

Imperativ-Form

direkte Ansprache

sprachliche Bilder

Vergleiche

Ausrufezeichen

fachsprachliche Ausdrücke

4 Der Text richtet sich an Jugendliche. Aus diesem Grund wurden ganz bewusst die unten
aufgeführten sprachlichen Mittel verwendet. Notiere dafür jeweils ein Textbeispiel.

– Ansprache in der du/ihr-Form: _____

– Verwendung von Umgangssprache: _____

– Verwendung von Jugendsprache: _____

5 Vergleiche die Texte auf den Seiten 38 f. und 42 f. Welcher Ton spricht dich eher an?
Begründe deine Aussage in vollständigen Sätzen.

_____

_____

Diskontinuierliche Texte verstehen

 Diagramme auswerten

- Lies die **Überschrift** des Diagramms: *Worüber informiert es?*
- Bestimme die **Art des Diagramms** (Säulendiagramm, Balkendiagramm, Kurvendiagramm oder Kreisdiagramm).
- Kläre die **Quelle** des Diagramms: *Wer hat es erstellt bzw. veröffentlicht?*
- Betrachte die **Zahlenwerte** im Diagramm: *In welchen Einheiten sind sie angegeben?*
- Lies ab, welche **Informationen** gegeben werden und **vergleiche** die einzelnen Angaben miteinander: *Welche Werte sind am höchsten, welche am niedrigsten? Wie groß sind die Unterschiede?*
- **Fasse zusammen**, was im Diagramm gezeigt wird: *Was kannst du mit Hilfe der Ergebnisse insgesamt zu dem Thema sagen?*
- Stelle **Überlegungen** zu den Ergebnissen an: *Welche Gründe könnte es für diese Ergebnisse geben? Welche Ergebnisse kannst du nachvollziehen, welche nicht? Welche Bedeutung haben diese Ergebnisse?*

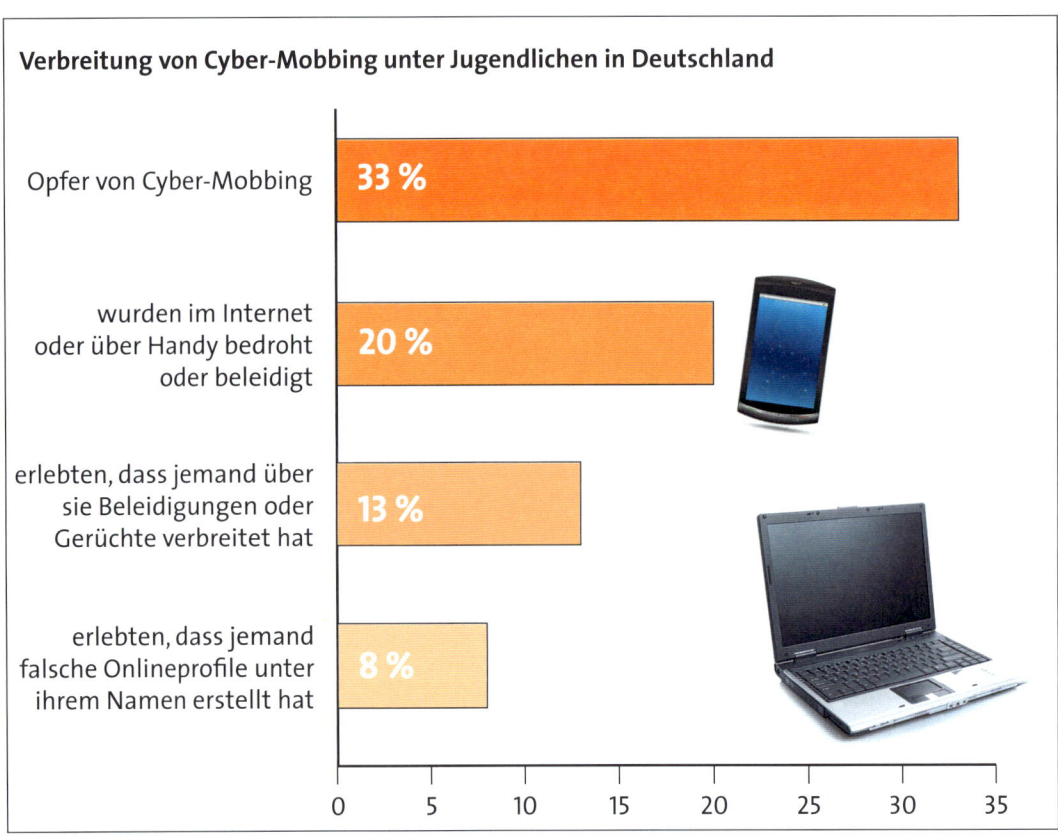

Umfrage des Forsa-Instituts im Auftrag der Techniker Krankenkasse, Juni 2011, 2000 befragte Jugendliche zwischen 14 und 20 Jahren

HILFE

In dem Diagramm wird dargestellt, …

Das Diagramm zeigt …

Das Diagramm informiert darüber, …

1 Lies die Überschrift und formuliere in einem Satz, worüber das Diagramm informiert.

_____

_____

2 Um welche Art von Diagramm handelt es sich? Kreuze an.

☐ Säulendiagramm ☐ Balkendiagramm ☐ Kurvendiagramm ☐ Kreisdiagramm

3 Beantworte die folgenden Fragen zum Diagramm. Notiere Stichworte.

(1) Wann wurde die Umfrage durchgeführt? _____

(2) Wer hat die Untersuchung in Auftrag gegeben? _____

(3) Welche Personengruppe wurde befragt? _____

(4) Wie viele Personen wurden befragt? _____

4 Welche Informationen werden im Diagramm dargestellt? Schreibe vollständige Sätze.

_____

_____

_____

_____

_____

_____

_____

HILFE

Bei der Untersuchung wurden ... Jugendliche im Alter von ... befragt.

Jeder dritte Jugendliche war ...

Jeder Fünfte der ... befragten Jugendlichen wurde bereits ...

... % gaben an, dass ...

... % erklärten, dass ...

5 Lies die Aussagen zum Diagramm und kreuze an.

	Richtig	Falsch
(1) An der Studie nahmen 2000 deutsche Jungen teil.	☐	☐
(2) Sie wurden von Mitarbeitern einer Krankenkasse gefragt.	☐	☐
(3) Fast alle Jugendlichen haben bereits Erfahrungen mit Cyber-Mobbing gemacht.	☐	☐
(4) Die meisten Betroffenen wurden im Internet oder über Handy verbal angegriffen.	☐	☐
(5) Die wenigsten haben erlebt, dass jemand unter ihrem Namen ein Benutzerkonto eingerichtet hat.	☐	☐

6 Notiere deine Überlegungen zu den Ergebnissen in vollständigen Sätzen.
 – Wie erklärst du dir die Ergebnisse?
 – Welche Informationen hast du so erwartet, welche Angaben haben dich überrascht?
 – Was sollte aufgrund dieser Ergebnisse in der Zukunft getan werden?

_____

_____

_____

_____

_____

HILFE

Vermutlich ...

Meiner Ansicht nach ...

Besonders auffällig ist, dass ...

Es war zu erwarten, dass ...

Überrascht hat mich ...

Ich hätte nicht gedacht, dass ...

In der Zukunft sollte/ müsste/könnte ...

Sachtexte lesen und verstehen

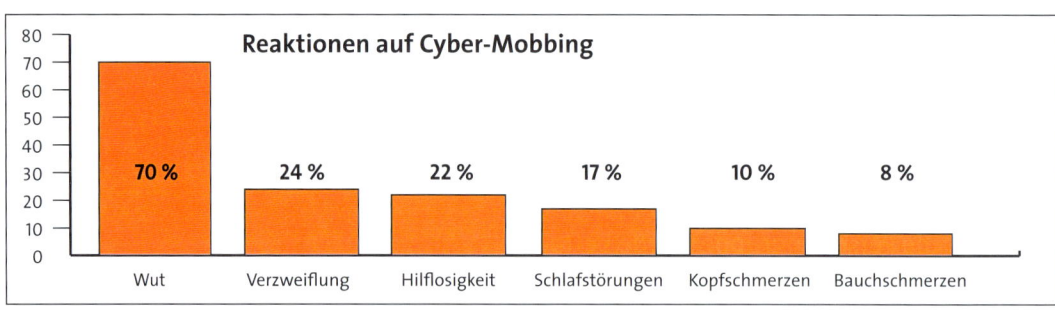

Umfrage des Forsa-Instituts im Auftrag der Techniker Krankenkasse, Juni 2011, 2000 befragte Jugendliche zwischen 14 und 20 Jahren

1 Sieh dir das Diagramm oben genau an. Worüber wird informiert? Kreuze an.

Das Diagramm
informiert über …
- ☐ häufige Krankheitsbilder bei Jugendlichen.
- ☐ die Gefühle der Opfer von Cyber-Mobbing.
- ☐ Auswirkungen von Cyber-Mobbing auf die Opfer.

2 Notiere in einem Satz, um welche Art von Diagramm es sich handelt.

_____

HILFE

Die Umfrage wurde von … in Auftrag gegeben.

Die Studie wurde von … im Jahr … durchgeführt.

3 Gib die Quelle des Diagramms an. Schreibe vollständige Sätze.

_____

_____

4 In welcher Einheit werden die Zahlenwerte angegeben? Kreuze an.

☐ in Promille   ☐ in Prozent   ☐ Anzahl der Personen in absoluten Zahlen

5 Die folgenden Aussagen sind falsch. Unterstreiche die Fehler und berichtige die Sätze.

(1) Etwa ein Viertel aller Cyber-Mobbing-Opfer empfindet Wut.

_____

(2) Fast ein Viertel der Opfer kann nicht mehr schlafen, fast genauso viele fühlen sich hilflos.

_____

(3) 10 % reagieren mit Krankheitssymptomen wie Kopf- oder Bauchschmerzen.

_____

6 Warum übersteigen die Angaben zusammengerechnet 100 %?
Notiere deine Vermutung in einem vollständigen Satz.

_____

_____

Die Grafik stellt die Ergebnisse einer Umfrage aus dem Jahr 2007 des Zentrums für Empirische Pädagogische Forschung (zepf) dar. 1997 Schülerinnen und Schüler wurden nach den Täterinnen oder Tätern von Cyber-Mobbing-Attacken gefragt. Die Mehrheit (54%) gab an, von einer Mitschülerin oder einem Mitschüler gemobbt worden zu sein, 13% nannten eine Freundin oder einen Freund und 11% eine Internetbekanntschaft. 22% der befragten Jugendlichen konnten keine Angaben zum Täter machen.

1 Der Text oben beschreibt ein Diagramm.

a) Lies den Text und notiere die Frage, die im Text beantwortet wird.

_____ ?

b) Unterstreiche alle Zahlenangaben im Text.

2 Vervollständige das Balkendiagramm unten mit den Informationen aus dem Text.
– Notiere eine Überschrift.
– Ergänze bei den Zahlen der x-Achse die Einheit.
– Notiere links von der y-Achse die entsprechenden Kategorien.
– Trage die im Text genannten Umfrageergebnisse in das Diagramm ein.
– Notiere unter dem Diagramm die Quelle.

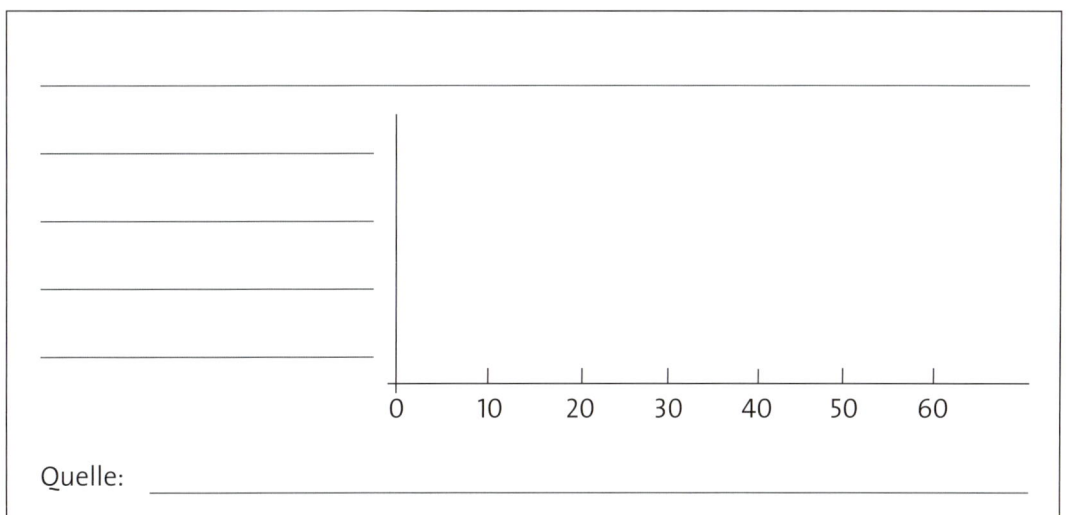

3 Notiere deine Überlegungen zu den Ergebnissen der Umfrage in vollständigen Sätzen.

_____

_____

_____

_____

HILFE

Mich überrascht (nicht), dass ...

Es ist (nicht) nach-vollziehbar, dass ...

Ich hätte (nicht) erwartet, dass...

Vermutlich ...

4 Es ist schwierig, in Untersuchungen zuverlässige Zahlen zum Thema „Cyber-Mobbing" zu erhalten. Woran liegt das? Schreibe deine Vermutung auf.

_____

_____

_____

Fit für Prüfungen!

Einen Sachtext und ein Diagramm erschließen

Holger Kreitling

Jugendliche wollen keinen Augenkontakt mehr

Das Internet beeinflusst unsere Kommunikation offenbar auch dann, wenn wir gerade nicht online sind. Laut einer neuen Allensbach-Studie verzichten inzwischen viele junge Menschen darauf, im persönlichen Gespräch den Augenkontakt zu suchen. Grund dafür sollen Messenger, E-Mail und soziale Netzwerke
5 sein.

Fortschritt und übrigens auch kultureller Sittenverfall* werden jedoch überschätzt. […] Gewisse Sorge über die Internetkultur geht bei den Älteren um, ebenso große Begeisterung bei den Jungen, ein Generationenproblem, das nicht zum ersten Mal in der Weltgeschichte auftritt.

10 Man braucht nur auf meine Großmutter Elise zu schauen. Sie besaß als junge Geschäftsfrau in den 30er-Jahren eines der ersten Telefone in ihrem hessischen Dorf; sie nutzte es ganz normal für kurze Gespräche, für Verabredungen. Neuigkeiten tauschte sie mit ihren Freundinnen direkt aus. Niemals plauderte sie am Telefon oder wälzte ernsthafte Probleme, das war ihr unangenehm. […]

15 Die folgenden Generationen haben das Telefon erst als Gesprächskulturmedium entdeckt, man redete stundenlang vom Sofa aus. Ohne direkten Kontakt, auch über ernste Themen. Heute breiten Menschen in Großraumwaggons der Bahn ihren Liebeskummer am Mobiltelefon aus, als diktierten sie Kochrezepte oder kommentierten Fußball. Da hat sich etwas verändert. Auch bei den jetzt

20 Mittelalten und den Senioren. Die Fachleute raunen von veränderter Medienkompetenz und Technikakzeptanz.

Jetzt die Frage: Warum soll dieser Prozess für das Internet nicht gelten? Es ist doch verblüffend: Die gleiche Generation, die ihre eigenen Kommunikationsformen entwickelt hat, ist jetzt skeptisch, wenn ihre Kinder andere Formen und eigene

25 Foren nutzen (schon um sich von den Eltern abzusetzen).

Das Kommunikationsverhalten verändert sich auf den ersten Blick rasant. 82 Prozent der 14- bis 17-Jährigen und 67 Prozent der 18- bis 29-Jährigen tauschen sich täglich online aus, zwei Drittel der Jugendlichen chatten regelmäßig, etwa die Hälfte der Unter-25-Jährigen nutzen soziale Netzwerke wie Facebook oder StudiVZ.

30 Diese Zahlen listet die diesjährige Ausgabe der Studienreihe „Gesprächskultur in Deutschland" des Instituts für Demoskopie Allensbach auf. […]

Der generelle Wandel ist so einfach wie deutlich. Die Nutzung nimmt besonders bei Unter-30-Jährigen immer noch kontinuierlich zu. Nie war das Bedürfnis nach Austausch und Dialog so groß wie derzeit, unterstützt durch Technik sprechen die

35 Menschen immer mehr und immer mehr Menschen sprechen, auch wenn sie sich nicht persönlich begegnen. Die Taktfrequenz erhöht sich. Was früher wichtig war, wird unwichtiger.

Die Bedeutung des Augenkontakts etwa bei Gesprächen nimmt ab. Während ältere Menschen deutlich Wert darauf legen, ihrem Gegenüber ins Gesicht zu schauen,

40 findet dies mittlerweile weniger als die Hälfte der jungen Menschen wichtig. Umgekehrt begrüßt fast ein Drittel der 14- bis 17-Jährigen die Möglichkeit der Anonymität. Sie sehen einfach keinen großen Unterschied mehr zwischen persönlicher Unterhaltung und Austausch per Mail oder Instant Messaging, bei denen die Kurznachrichten hin und her gehen. […]

45 Ob gute Gespräche nur von Angesicht zu Angesicht möglich seien, fragte Allensbach. 89 Prozent der Senioren sagen „Ja". Junge Internetnutzer sagen dagegen mit Mehrheit „Nein", über das Netz lasse es sich genauso gut

der Sittenverfall: moralische Werte gehen verloren, die Menschen benehmen sich schlechter

austauschen. Gerade Jugendliche bauen sich im Internet mit ihren Freunden eine Welt auf, die Geborgenheit ausstrahlt. Eine Höhle, die gleichzeitig weit und offen
50 ist und nicht als dunkel, sondern als hell empfunden wird. Ein Drittel der 14- bis 17-Jährigen sagt: „Das Internet gibt mir das Gefühl, nicht allein zu sein." Heimat Digitalien.

Trotz all dieser vermeintlich beunruhigenden Neuigkeiten sieht Renate Köcher von Allensbach wenig Anlass zu Pessimismus. In der neuen Heimat geht es
55 gesitteter zu als gedacht. Der Unterschied zwischen echten Freunden und Facebook-„Freunden" ist den Nutzern klar – und meist sind sie sowieso identisch. Denn die „Gesprächskultur"-Studie zeigt, dass virtuelle Plattformen vorwiegend genutzt werden, um schon bestehende Kontakte zu pflegen. Für den Aufbau einer richtigen Freundschaft ist auch bei Jugendlichen der reale Kontakt unerlässlich.
60 Offenheit, Emotionalität und Tiefe sehen sie wie Ältere bei persönlichen Gesprächen. Und, wenig überraschend, man weiß, dass vieles, was beim Chatten so gesagt wird, nicht für die Ewigkeit taugt. […]

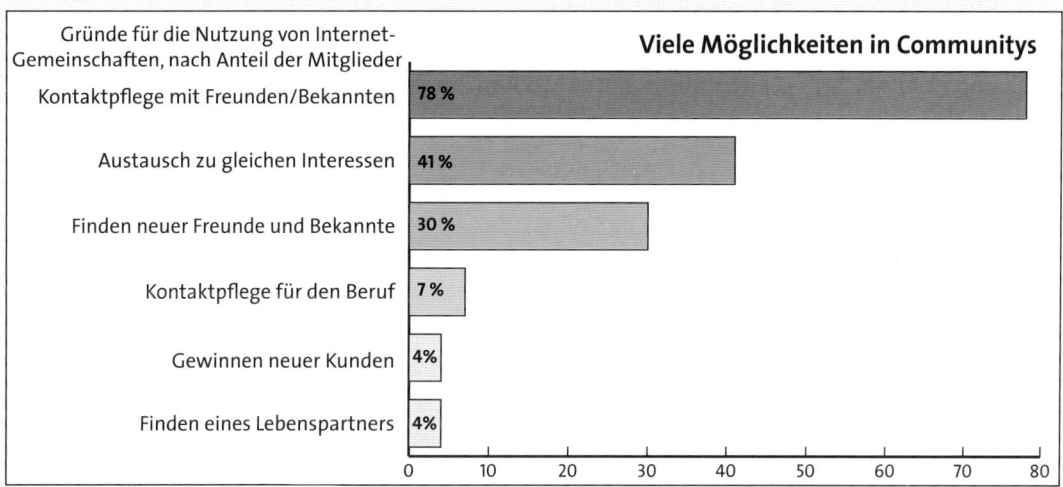

Aufgabe:

Analysiere den Sachtext „Jugendliche wollen keinen Augenkontakt mehr" und das Diagramm „Viele Möglichkeiten in Communitys". Bearbeite die Aufgaben 1–12.

1 Lies die Aufgabenstellung oben. Was ist zu tun? Nummeriere die Teilschritte, die für die Bearbeitung der Aufgabe notwendig sind, in einer sinnvollen Reihenfolge.

Sachtext erschließen		Diagramm auswerten	
	Text in Abschnitte einteilen		Zahlenwerte betrachten
	Text überfliegen und Thema benennen		Diagrammart bestimmen
	Inhalt der Abschnitte zusammenfassen (Teilüberschrift oder Stichpunkte an Textrand)		Überschrift lesen und Thema erfassen
	Text abschnittsweise gründlich lesen		Informationen ablesen und vergleichen
	Überschrift lesen und Vermutungen zum Textinhalt anstellen		Überlegungen zu Ergebnissen anstellen
	Schlüsselwörter und besondere sprachliche Mittel unterstreichen		Informationen zusammenfassen
	unbekannte Wörter klären		Quelle klären

2 a) Um welche Art von Text handelt es sich vermutlich bei dem Sachtext „Jugendliche wollen keinen Augenkontakt mehr"? Kreuze an.

☐ wissenschaftlicher Bericht ☐ Zeitungsartikel ☐ Ratgebertext zum Umgang mit Medien

b) An welchen Besonderheiten hast du das erkannt? Notiere zwei Beispiele.

_____

_____

3 Welche Absicht verfolgt der Autor? Kreuze an.

☐ Der Autor möchte vor den negativen Folgen der Kommunikation über Messenger, E-Mail und soziale Netzwerke warnen.

☐ Der Autor versucht, deutlich zu machen, dass es schon immer Veränderungen gegeben hat und die Nutzung neuer Medien zur Kommunikation nicht beunruhigen muss.

☐ Der Autor möchte darüber informieren, wie sich die Kommunikation in den letzten Generationen verändert hat.

4 a) Suche die folgenden Fremdwörter im Text und notiere die Zeilenzahl.

b) Verbinde jedes Fremdwort mit der passenden Umschreibung.

die Studie (Z. _____)   die Gefühlsbetontheit

die Medienkompetenz (Z. _____)   die Namenlosigkeit

die Taktfrequenz (Z. _____)   die wissenschaftliche Untersuchung

die Anonymität (Z. _____)   Häufigkeit, mit der etwas regelmäßig geschieht

die Emotionalität (Z. _____)   die Fähigkeit, mit Geräten wie Computer, Telefon, Fernsehen umzugehen

5 Welche Aussagen zum Text sind richtig? Kreuze an und ergänze jeweils die Zeilenangabe der Textstelle, in der diese Aussage gemacht wird.

☐ Die Menschen, die – im Gegensatz zu ihren Eltern – das Telefon intensiv nutzen, sind heute misstrauisch, wenn Jugendliche über das Internet kommunizieren.   Z. ____ – ____

☐ Experten sprechen davon, dass die Menschen heute besser mit Medien umgehen können als früher und eine positive Einstellung zur Technik haben.   Z. ____ – ____

☐ 66 % der Jugendlichen chatten regelmäßig.   Z. ____ – ____

☐ 50 % der Jugendlichen finden Augenkontakt bei Gesprächen nicht mehr wichtig.   Z. ____ – ____

☐ Auch Jugendliche müssen direkt miteinander sprechen, um echte Freundschaften zu entwickeln.   Z. ____ – ____

6 Woher hat der Autor die Informationen über das Kommunikationsverhalten von Jugendlichen? Notiere einen Satz.

_____

7 a) Was bedeutet die folgende Textstelle: „[...] unterstützt durch Technik sprechen die Menschen immer mehr und immer mehr Menschen sprechen [...] Die Taktfrequenz erhöht sich." (Zeile 34–36)? Gib den Inhalt mit deinen eigenen Worten wieder.

_____

_____

b) Was möchte der Autor mit der Wortschöpfung „Heimat Digitalien" (Zeile 51–52) zum Ausdruck bringen? Formuliere einen Satz.

_____

_____

8 Betrachte das Diagramm „Viele Möglichkeiten in Communitys" auf Seite 49. Um welche Art von Diagramm handelt es sich? Notiere.

_____

9 Nenne das Thema des Diagramms in einem Satz.

_____

_____

10 Lies die Aussagen zum Diagramm und kreuze an.

	Richtig	Falsch
(1) Die meisten Menschen nutzen Internet-Gemeinschaften zur Kommunikation mit Freunden und Bekannten.	☐	☐
(2) Etwa ein Drittel der Nutzer versucht, über das Internet neue Freunde oder Bekannte zu finden.	☐	☐
(3) Die wenigsten Nutzer suchen nach einem neuen Lebenspartner.	☐	☐
(4) Das Internet wird in gleichem Ausmaß zur Gewinnung von Geschäftskunden wie von zukünftigen Lebenspartnern genutzt.	☐	☐

11 Notiere deine Überlegungen zu den im Diagramm dargestellten Informationen.

_____

_____

_____

12 Formuliere deine Meinung zu dem Thema „Kommunikation in sozialen Netzwerken". Schreibe vollständige Sätze.

_____

_____

_____

Den Aufbau von Bewerbungsschreiben beachten

 Die Bestandteile eines Bewerbungsschreibens kennen

- Der Briefkopf enthält Angaben zu **Ort und Datum**, zum **Absender** (Name, Adresse, Telefonnummer, E-Mail-Adresse) und zum **Adressaten/Empfänger** (Adresse).
- Die **Betreffzeile** wird vom Briefkopf vier Leerzeilen abgesetzt.
- **Anrede-** und **Grußformel** bilden den Rahmen des **Hauptteils**. Unter der Grußformel stehen die handschriftliche **Unterschrift** und der **vollständige Name**.
- Am Ende der Seite werden die **Anlagen** (Lebenslauf, Zeugnisse, weitere Zertifikate) aufgeführt.

1 a) Lies die folgenden Bestandteile eines Bewerbungsschreibens und nummeriere sie in der richtigen Reihenfolge.

b) Unterstreiche Formulierungen im Hauptteil, die du für dein eigenes Bewerbungs-schreiben nutzen kannst.

☐ Bewerbung um eine Ausbildungsstelle zur Fahrradmonteurin
Unser Telefonat vom 13. April 20..

☐ Anlagen: Lebenslauf, Zeugnis

☐ Jana Schuster   Berlin, 15.04.20..
Schillerstraße 8
12305 Berlin
030 / 1234567
jana_schuster@provider.de

☐ Fahrrad Becker
Hr. Oliver Becker
Leibnizstraße 32
12305 Berlin

☐ Sehr geehrter Herr Becker,

☐ Mit freundlichen Grüßen
Jana Schuster
Jana Schuster

☐ vielen Dank für das informative Gespräch, das mich in meinem Wunsch, eine Ausbildung bei Ihnen zu beginnen, bestärkt hat. Wie ich erfahren konnte, bieten Sie jedem Kunden eine individuelle Beratung und bauen das Fahrrad nach seinen Wünschen zusammen. Außerdem sind Sie auf Rennräder spezialisiert. Aus diesen Gründen bewerbe ich mich bei Ihnen.

Seit der 7. Klasse bin ich Mitglied in der Fahrrad-AG unserer Schule. Dort habe ich gelernt, wie man Fahrräder repariert und worauf man bei der Wartung achten muss. Mit zwei weiteren AG-Mitgliedern habe ich die „Pannen-Hilfe" ins Leben gerufen, mit der wir Schülerinnen und Schülern bei der Reparatur ihrer Fahrräder helfen. Mir gefällt es besonders, dass wir unsere Arbeit selbstständig organisieren und oft im Team arbeiten. Ich bin zudem Mitglied im Radsportverein und fahre sehr gern Rennrad. Derzeit besuche ich die 9. Klasse der Johann-Sebastian-Bach-Schule, die ich im Sommer mit dem erweiterten Hauptschulabschluss verlassen werde. Ich interessiere mich sehr für die angebotene Ausbildungsstelle und bitte Sie, mich in die Auswahl mit einzu-beziehen.

Auf Ihre Einladung zu einem persönlichen Gespräch freue ich mich.

Passende Formulierungen verwenden

> **Den Bewerbungstext interessant und sachlich formulieren**
>
> Das Bewerbungsschreiben ist ein **offizielles Schreiben**.
> Es soll gut lesbar sein und das Interesse der Leserin oder des Lesers wecken.
> - Gehe im Schreiben auf alle **Angaben der Stellenanzeige** ein.
> - Formuliere **sachlich** und vermeide die Umgangssprache.
> - Schreibe **kurze, treffende Sätze**. Bringe deine Aussagen auf den Punkt.

1 Marek möchte sich nach dem Schulabschluss zum Konditor ausbilden lassen.
Lies die Anzeige, auf die er sich bewerben will. Unterstreiche im Text:
- Tätigkeiten einer Konditorin / eines Konditors (rot)
- Anforderungen an die Bewerberin / den Bewerber (blau)

Als traditionelles Familienunternehmen prägen Qualitätsbewusstsein
und konsequente Kundenorientierung unsere tägliche Arbeit.
Wir legen Wert auf geschultes Personal und kundenfreundliche Öffnungs-
zeiten auch an Sonn- und Feiertagen.

5   Das Café Wien bietet zum 1. August 2012 einen Ausbildungsplatz

zur Konditorin/zum Konditor.

Sie stellen Torten und Kuchen, Pralinen, Marzipan- und Zuckererzeugnisse,
Salz-, Käse- und Dauergebäck sowie Speiseeis her.
Außerdem dekorieren und präsentieren Sie Ihre Produkte
10 und verkaufen diese.
Wir erwarten: Einhalten von Hygienevorschriften, Zuverlässigkeit,
Verantwortungsbewusstsein, Grundkenntnisse in Mathematik und Chemie,
Kreativität, Teamgeist und Kundenorientierung, erweiterten Hauptschul-
abschluss.

Café Wien
Hr. Martin Schröder
Witzlebenstraße 14
14057 Berlin

---

2 Notiere stichpunktartig alle Tätigkeiten einer Konditorin oder eines Konditors,
die in der Anzeige genannt werden.

_____

_____

_____

_____

TIPP

Bilde für die Stich-
punkte Nominali-
sierungen, z. B.:
Sie stellen … her.
→ Herstellen von …

3 Ergänze in den orangefarbenen Feldern der Mindmap die Anforderungen an die Bewerberin oder den Bewerber, die in der Stellenanzeige auf Seite 53 aufgelistet werden.

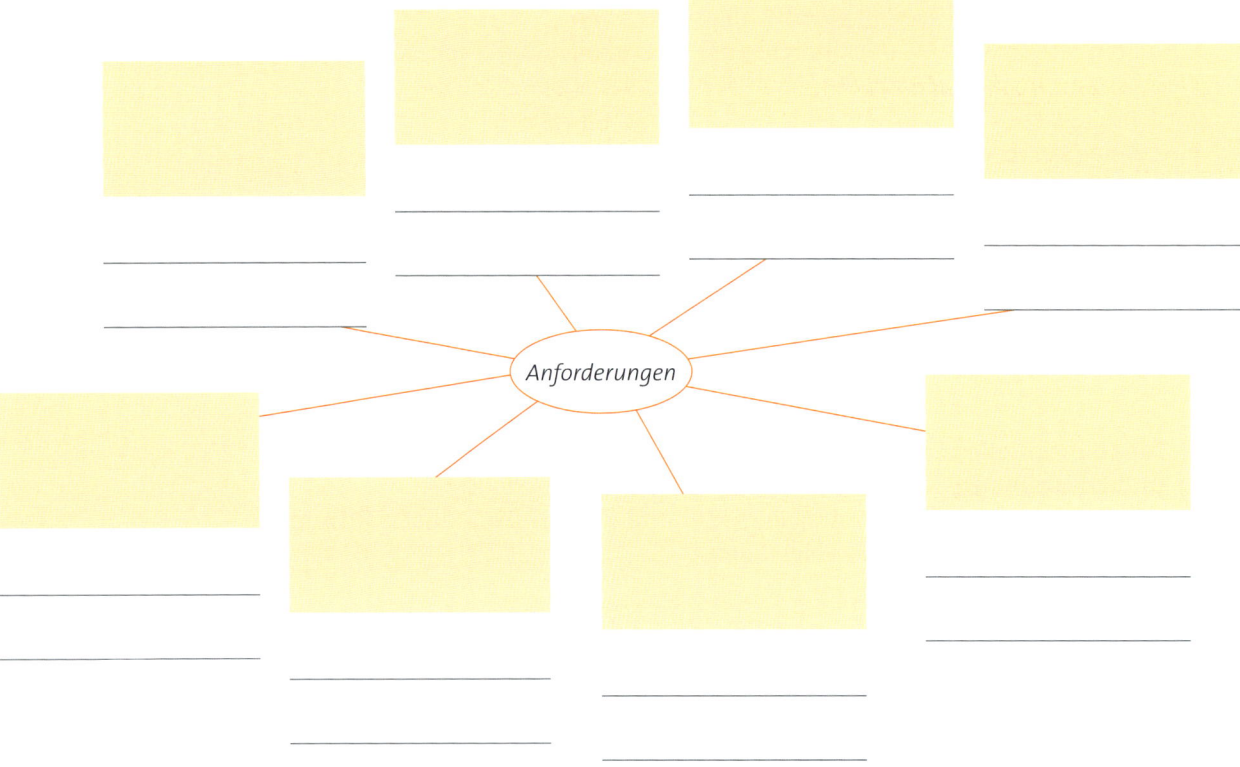

Anforderungen

4 Welche Anforderungen aus der Stellenanzeige erfüllt Marek?

a) Unterstreiche in dem folgenden Steckbrief alle Informationen, die Marek für sein Bewerbungsschreiben nutzen kann.

b) Ordne den in der Mindmap notierten Anforderungen passende Angaben aus Mareks Steckbrief zu. Schreibe Stichpunkte.

c) Welche Tätigkeiten eines Konditors hat Marek in der Schulcafeteria und im Praktikum schon ausgeführt? Hake in Aufgabe 2 (Seite 53) ab.

Name: Marek Fischer

Schulbildung: Schüler der Klasse 9 c (Ida-Ehre-Gesamtschule)

Voraussichtlicher Abschluss:
erweiterter Hauptschulabschluss im Sommer 2012

Lieblingsfächer: Mathematik, Englisch, Kunst

Schulische Tätigkeiten: Mitarbeit in Cafeteria
(Dekoration von belegten Brötchen, Verkauf, Reinigung)

Berufliche Erfahrungen:
zweiwöchiges Praktikum in der Bäckerei Schröder
(selbstständiges Bedienen der Kunden, Reinigung)

Hobbys: Fußball, Comiczeichnen, Kochen
(denkt sich gern Gerichte für Familie und Freunde aus)

Stärken: Pünktlichkeit, Hilfsbereitschaft
(hilft Freunden bei Mathe-Hausaufgaben, springt oft
in Cafeteria für kranke Mitschüler ein), Umgang mit Tieren

5 Marek hat sich notiert, wie er in seinem Bewerbungsschreiben auf die in der Stellenanzeige genannten Tätigkeiten und Anforderungen eingehen könnte.

a) Formuliere aus den Notizen vollständige Sätze. Vermeide dabei umgangssprachliche
Wendungen.

(1) *dekoriere in Schulcafeteria belegte Brötchen, helfe beim Verkauf*

_____

_____

(2) *hinterlasse Arbeitsplatz in Cafeteria immer supersauber*

_____

_____

(3) *bin immer (!!!) pünktlich zum Dienst in Cafeteria*

_____

_____

(4) *bin schon oft eingesprungen, wenn jmd. krank war – trotz Klassenarbeit danach!!!*

_____

_____

(5) *Mathe = absolutes Lieblingsfach*

_____

_____

(6) *Fußball → Sport im Team!*

_____

_____

(7) *habe im Praktikum Kunden bedient, höfliche Kundenansprache gelernt*

_____

_____

(8) *Schulabschluss 2012 (Hoffentlich!!!)*

_____

_____

b) Unterstreiche in deinen Sätzen von Aufgabe 5 a) Formulierungen, die du für dein
eigenes Bewerbungsschreiben nutzen kannst.

Ein Bewerbungsschreiben verfassen

TIPP

Wenn du den direkten Ansprechpartner nicht kennst, dann rufe in dem Unternehmen an und erfrage den Namen. Lass dir den Namen buchstabieren.

Ein Bewerbungsschreiben verfassen

- Richte dein Bewerbungsschreiben an einen **persönlichen Ansprechpartner**.
- Nenne in der **Einleitung** den Grund deines Schreibens und deine Informationsquelle (z.B. Anzeige, Telefonat). Verknüpfe im **Hauptteil** deine Fähigkeiten und Erfahrungen mit den Anforderungen der Stelle. Formuliere deine Motivation. Bitte im **Schlussteil** um ein persönliches Gespräch.
- Denke daran, die **Anredepronomen** (Sie, Ihr, Ihnen) **großzuschreiben**. Achte auf **abwechslungsreiche Satzanfänge**.

1 In deinem Bewerbungsschreiben sollst du auf deine Fähigkeiten eingehen.

a) Was kannst du gut? Kreuze unten an.

b) In welcher Situation hast du diese Stärke erkannt? Notiere in Stichworten daneben.

HILFE

Beispiele für Situationen, in denen du deine Fähigkeiten zeigen kannst:
- auf jüngere Geschwister aufpassen
- für die Familie einkaufen und kochen
- Hausaufgaben allein anfertigen
- den Hund der Familie / der Nachbarn ausführen
- Mitschülerinnen oder Mitschülern bei den Hausaufgaben helfen
- an einer Theateraufführung mitwirken
- ...

Ich kann ...	Trifft auf mich zu	In dieser Situation konnte ich meine Fähigkeit zeigen:
erfinden		
gärtnern		
helfen		
im Team arbeiten		
Kinder beaufsichtigen		
kochen		
körperlich arbeiten		
malen und zeichnen		
mich durchsetzen		
mit Geld umgehen		
mit Tieren umgehen		
musizieren		
organisieren		
Probleme lösen		
rechnen		
reparieren		
selbstständig arbeiten		
Stress aushalten		
verschönern/dekorieren		
zuhören und beraten		

c) Notiere deinen Wunschberuf.

_____

d) Kreise in der linken Tabellenspalte Tätigkeiten und Fähigkeiten ein, die für deinen Wunschberuf wichtig sind.

2 Formuliere ein Bewerbungsschreiben für die Ausbildungsstelle deiner Wahl.
Orientiere dich am Schreibplan und nutze Formulierungen aus der Randspalte.

	Schreibplan
	• Ort und Datum
	• Absender (Name, Adresse, Telefonnummer, E-Mail-Adresse)
	• Adressat (Name des Unternehmens, Ansprechpartner, Adresse)
	• Betreffzeile / Grund des Schreibens angeben
	• Anrede formulieren
	• Bezug zum Adressaten herstellen (z. B. Gespräch am Telefon, Stellenanzeige)
	• die Wahl des Berufes und des Unternehmens begründen
	• von praktischen Erfahrungen berichten und auf die Anforderungen der Stellenanzeige eingehen

HILFE

Bewerbung um eine Ausbildungsstelle zur/zum ...

Ihre Anzeige in ... vom ...

Sehr geehrter Herr ... / Sehr geehrte Frau ...

Vielen Dank für das informative Telefonat.

Ihrer Anzeige konnte ich entnehmen, dass ...

Ich möchte den Beruf ... ergreifen.

Über Ihre Homepage habe ich erfahren, dass ...

Da ich bereits ein Praktikum bei Ihnen gemacht habe, ...

Ich interessiere mich besonders für ..., deshalb bewerbe ich mich bei Ihnen.

Durch mein Praktikum in/bei ... konnte ich bereits wichtige Erfahrungen sammeln. ...

Ich gewann Einblick in ...

Zu meinen Tätigkeiten gehörte(n) ...

Ich lernte ...

... hat mir gut gefallen.

Ich verfüge über Kenntnisse/ Erfahrungen in …

Auch in meiner Freizeit bin ich aktiv und …

Meine Begeisterung für … zeigt sich auch darin, dass …

Ich interessiere mich für …

- zum Beruf passende Hobbys, Interessen und Fähigkeiten anführen

_____
_____
_____
_____
_____
_____
_____
_____
_____
_____
_____
_____

Derzeit besuche ich die 9. Klasse der …-Schule in …

Im Sommer 20.. werde ich die …-Schule mit dem …-Abschluss verlassen.

- auf die Schulsituation und den Abschluss eingehen

_____
_____
_____

Aus den genannten Gründen interessiere ich mich sehr für die angebotene Ausbildungsstelle und bitte Sie …

Ich hoffe, dass Sie meine Bewerbung …

- um Berücksichtigung der Bewerbung bitten

_____
_____
_____

Ich freue mich auf ein persönliches Gespräch.

Gern stelle ich mich in einem Gespräch persönlich vor.

- um ein persönliches Gespräch bitten

_____

Mit freundlichen Grüßen

- Grußformel ergänzen und unterschreiben

_____
_____

*Anlagen:
– Lebenslauf
– Zeugnis*

- Angaben zu Anlagen machen

_____
_____

3 Überarbeite dein Schreiben. Prüfe, ob du die in der Checkliste angegebenen Punkte richtig umgesetzt hast.

☐ Ich habe den Hauptteil in Absätze gegliedert.

☐ Ich habe die Sätze höflich und sachlich formuliert.

☐ Die Sätze sind sinnvoll durch Adverbien und Konjunktionen miteinander verbunden.

☐ Ich habe Wortwiederholungen (vor allem am Satzanfang) vermieden.

☐ Ich habe die Anredepronomen (Sie, Ihnen) großgeschrieben.

☐ Ich habe die Rechtschreibung und Zeichensetzung geprüft.

Einen Vertragstext erschließen

1 Zu Beginn einer Ausbildung schließt du als Auszubildender* einen Vertrag mit einem Ausbildenden*. Der Ausbildungsvertrag stellt den rechtlichen Rahmen für deine Ausbildung dar.

a) Notiere Fragen, die du in Bezug auf deine zukünftige Berufsausbildung hast.

_____

_____

_____

_____

b) Überfliege die folgenden Auszüge aus dem Berufsausbildungsvertrag der Handwerkskammer Hamburg. Hake die Fragen ab, die im Text beantwortet werden.

die/der Auszubildende: Person, die einen bestimmten Beruf erlernt
die/der Ausbildende: Person, die in einem Betrieb für die Ausbildung einer Person verantwortlich ist

Berufsausbildungsvertrag

[...]

§ 3 Pflichten des Ausbildenden

Der Ausbildende verpflichtet sich,

1. Ausbildungsziel
dafür zu sorgen, dass dem Auszubildenden die berufliche Handlungsfähigkeit
5 vermittelt wird, die zum Erreichen des Ausbildungszieles nach der Ausbildungsordnung erforderlich ist, und die Berufsausbildung nach den beigefügten Angaben zur sachlichen und zeitlichen Gliederung des Ausbildungsablaufs [...] so durchzuführen, dass das Ausbildungsziel in der vorgesehenen Ausbildungszeit erreicht werden kann; [...]

10 5. Besuch der Berufsschule
den Auszubildenden zum Besuch der Berufsschule anzuhalten und freizustellen; [...]

8. Ausbildungsbezogene Tätigkeiten
dem Auszubildenden nur Verrichtungen zu übertragen, die dem Ausbildungs-
15 zweck dienen und seinen körperlichen Kräften angemessen sind;

9. Sorgepflicht
dafür zu sorgen, dass der Auszubildende charakterlich gefördert sowie sittlich und körperlich nicht gefährdet wird; [...]

§ 4 Pflichten des Auszubildenden

Der Auszubildende hat sich zu bemühen, die berufliche Handlungsfähigkeit zu
erwerben, die erforderlich ist, um das Ausbildungsziel zu erreichen.
Er verpflichtet sich insbesondere,

5 1. Lernpflicht
die ihm im Rahmen seiner Berufsausbildung übertragenen Verrichtungen und
Aufgaben sorgfältig auszuführen;

2. Berufsschulunterricht, Prüfungen und sonstige Maßnahmen
am Berufsschulunterricht und an Prüfungen sowie an Ausbildungsmaßnahmen
10 außerhalb der Ausbildungsstätte teilzunehmen, für die er […] freigestellt wird;

3. Weisungsgebundenheit
den Weisungen zu folgen, die ihm im Rahmen der Berufsausbildung vom Ausbildenden, vom Ausbilder oder von anderen Personen, soweit sie als weisungsberechtigt bekannt gemacht worden sind, erteilt werden; […]

15 8. Benachrichtigung
bei Fernbleiben von der betrieblichen Ausbildung, vom Berufsschulunterricht oder
von sonstigen Ausbildungsveranstaltungen dem Ausbildenden unter Angabe von
Gründen unverzüglich Nachricht zu geben und ihm bei Krankheit oder Unfall die
Arbeitsunfähigkeit […] anzuzeigen und nachzuweisen; […]

20 ### § 5 Vergütung und sonstige Leistungen

1. Höhe und Fälligkeit
Der Ausbildende zahlt dem Auszubildenden eine angemessene Vergütung. Soweit
Vergütungen tariflich geregelt sind, gelten mindestens diese Sätze. […]
Die Vergütung wird spätestens am letzten Arbeitstag des Monats gezahlt. Das auf
25 die Urlaubszeit entfallende Entgelt (Urlaubsentgelt) wird vor Antritt des Urlaubs
ausgezahlt. […]

4. Berufskleidung
Wird vom Ausbildenden eine **besondere** Berufskleidung vorgeschrieben, so wird
sie von ihm kostenlos zur Verfügung gestellt. […]

30 ### § 7 Kündigung

1. Kündigung während der Probezeit
Während der Probezeit kann das Berufsausbildungsverhältnis jederzeit ohne
Einhaltung einer Kündigungsfrist und ohne Angabe von Gründen gekündigt
werden.

35 2. Kündigungsgründe
Nach der Probezeit kann das Berufsausbildungsverhältnis nur gekündigt werden
    a) vom Ausbildenden oder vom Auszubildenden aus einem wichtigen Grund
       ohne Einhaltung einer Kündigungsfrist,
    b) vom Auszubildenden mit einer Kündigungsfrist von 4 Wochen, wenn er die
40   Berufsausbildung aufgeben oder sich für eine andere Berufstätigkeit
       ausbilden lassen will. […]

2 Lies den Vertragstext noch einmal genau.

a) Unterstreiche unbekannte Wörter. Schlage sie in einem Wörterbuch nach und
notiere die Bedeutung an den Rand.

b) Unterteile lange Sätze durch Schrägstriche in Sinneinheiten.

c) Markiere Textstellen, die du besonders wichtig findest.

3 **a)** Unterstreiche die im Vertrag aufgeführten Pflichten des Ausbildenden und die Pflichten des Auszubildenden mit verschiedenen Farben.

b) Übertrage die Tabelle in dein Heft. Trage die jeweiligen Pflichten stichpunktartig in die Tabelle ein.

Pflichten des Ausbildenden	Pflichten des Auszubildenden

4 **a)** Lies die folgenden Beispielfälle und prüfe, an welchen Stellen im Ausbildungsvertrag etwas zu der jeweiligen Situation gesagt wird. Notiere Paragraph und Absatz.

b) Erkläre mit eigenen Worten die Rechtslage und gib an, wie du dich jeweils verhalten solltest.

Fall 1 (§ ____ , Absatz ____)

Du wirst zur Restaurantfachfrau / zum Restaurantfachmann ausgebildet. Als du deinen Chef darum bittest, dir die Arbeitsuniform für Kellner zur Verfügung zu stellen, wird dir gesagt, dass du diese selbst zahlen musst.

_____

_____

_____

_____

Fall 2 (§ ____ , Absatz ____)

Du machst eine Ausbildung zur Kfz-Mechatronikerin / zum Kfz-Mechatroniker. Eines Tages sollst du unter der elektrischen Hebebühne arbeiten. Du stellst fest, dass das Auto nicht richtig befestigt ist und weigerst dich, unter dem Auto zu arbeiten. Daraufhin sagt der Ausbildende, dass du seinen Weisungen Folge leisten musst.

_____

_____

_____

_____

Fall 3 (§ ____ , Absatz ____)

Du machst eine Ausbildung zur Kindergärtnerin / zum Kindergärtner. Eines Tages bekommst du eine Grippe und möchtest gern zu Hause bleiben.

_____

_____

_____

_____

Ein Ergebnisprotokoll verfassen

 Ein Ergebnisprotokoll schreiben

Ein Ergebnisprotokoll gibt die **Ergebnisse** einer Besprechung, eines Experiments usw. wieder. Es dient als Gedächtnisstütze für die Teilnehmerinnen und Teilnehmer sowie zur Information für Abwesende.

- Im **Protokollkopf** stehen **Überschrift** (Art der Veranstaltung), **Datum**, **Uhrzeit** und **Ort** der Veranstaltung, der **Teilnehmerkreis** und die **Tagesordnung**. Weiterhin wird angegeben, wer die Veranstaltung leitet (**Leitung**) und wer protokolliert (**Protokollant/in**).
- Im **Hauptteil** eines Ergebnisprotokolls werden nur die wichtigen Ergebnisse, Beschlüsse, Termine usw. festgehalten. Einzelheiten werden vermieden.
- Im **Schlussteil** erscheinen **Ort** und **Datum der Abfassung** des Protokolls sowie die Unterschrift der Protokollantin oder des Protokollanten.
- Das Protokoll sollte **sachlich**, **genau**, **ohne Wertung** und **ohne wörtliche Rede** formuliert werden. Das Tempus ist das **Präsens**.

1 Die Klasse 9 b der Stadtteilschule Eppendorf in Hamburg möchte zur Vorbereitung auf die Ausbildungsplatzsuche ehemalige Schülerinnen, Schüler und Eltern aus verschiedenen Berufsfeldern einladen und sie bitten, ihren Beruf vorzustellen.

Lies die Notizen, die der Schüler Jonas Paulsen bei der Besprechung der Veranstaltung gemacht hat.

> Montag, 3. September 20 . ., 9:35 – 10:20 (3. Unterrichtsstunde), Raum 205
>
> Alle 25 Schüler sind da!
>
> <u>Besprechung: Planung des Berufsinformationstages</u>
>
> – Fr. Körner begrüßt alle, fragt nach Wochenende
>
> – am 2. Oktober Berufsinformationstag: Ehemalige Schüler/innen und Eltern sollen zu ihren Berufen befragt werden!
>
> – Einspruch von Lea: Will nicht, dass sich ihre Eltern in der Klasse vorstellen! ☹
>
> – Fr. Körner: Kein Zwang, jeder darf frei entscheiden!
>
> – Fr. Körner: Für welche Berufe interessiert ihr euch?
>
> –> Kfz-Mechatroniker, Kosmetikerin, Koch, Fitnesskaufmann, Bankkaufmann, Friseurin, Tierarzthelferin, Malermeister (Fr. Körner schreibt an Tafel)
>
> – Fr. Körner: Wer kennt jemanden mit diesem Beruf?
>
> –> Schüler nennen mögliche Kontaktpersonen aus Familie und Freundeskreis
>
> – Schade, keiner kennt Koch! ☹
>
> – Fr. Körner schreibt mögliche Personen an
>
> – Abstimmung: jeder Schüler darf sich zweimal für einen Beruf melden
>
> – Kim + Paula kapieren Abstimmung nicht …
>
> – Ergebnis: 3 Personen sollen ihren Beruf in der Klasse vorstellen:
>
> –> Kfz-Mechatronikerin (Frau Mehdi), Kosmetikerin (Frau Faber), Bankkaufmann (Herr Stock)
>
> – Wer übernimmt Einladungen? → Nick, Paula, Mani
>
> !!! Abgabe der Einladungen an Fr. Körner am 7.9.!!!

2 Bearbeite die Notizen so, dass du daraus ein Ergebnisprotokoll schreiben kannst. Streiche Unwichtiges und markiere die Informationen, die im Protokoll wiedergegeben werden müssen.

3 Schreibe mit Hilfe der Notizen ein vollständiges Ergebnisprotokoll zu der Besprechung der Klasse 9 b.

INFO

Protokollkopf
> Überschrift
> Datum
> Zeit
> Ort
> Teilnehmer/innen
> Tagesordnung:
  TOP 1
  TOP 2
> Leitung
> Protokollant/in

INFO

Hauptteil
> wichtige Inhalte der Besprechung zusammenfassen
> genaues Abstimmungsergebnis angeben

HILFE

stattfinden

fragen nach

nennen

vorschlagen

Folgende Vorschläge werden eingebracht: ...

Die Abstimmung (über ...) führt zu folgendem Ergebnis: ...

Die Mehrheit der Schüler/innen stimmt für folgende Berufe: ...

sich zu ... bereit erklären

INFO

Schlussteil
> Ort und Datum
> Unterschrift des Protokollanten / der Protokollantin

4 Unterstreiche in deinem Protokolltext alle Verbformen und prüfe die Zeitform. Überarbeite das Protokoll mit Hilfe der Hinweise im Merkkasten auf Seite 62.

Den Konjunktiv verwenden

INFO

**Die Konjunktiv-
Endungen:**
ich ...-e
du ...-est
er/sie/es ...-e
wir ...-en
ihr ...-et
sie ...-en

> **Bildung und Verwendung von Konjunktiv I**
>
> Verben stehen in einer bestimmten **Aussageform** (Modus). Man unterscheidet
> zwischen **Indikativ** (Wirklichkeitsform) und **Konjunktiv** (Möglichkeitsform).
> - Den **Konjunktiv I** verwendet man häufig zur Wiedergabe von **indirekter Rede**, z.B.:
>   *Sie sagt:„Ich will Bankkauffrau werden.“ → Sie sagt, sie wolle Bankkauffrau werden.*
> - Bildung des **Konjunktivs I: Verbstamm + Konjunktiv-Endung**
> - Oft unterscheiden sich die Formen von Indikativ und Konjunktiv I nicht.
>   In dem Fall verwendet man den Konjunktiv II oder eine Umschreibung mit *würde,*
>   z.B.: *Sie sagt, sie lernen viel. → Sie sagt, sie lernten viel.* (Konjunktiv II)
>   *Sie sagt, sie würden viel lernen.* (Umschreibung)

1 a) Lies den folgenden Artikel aus einer Schülerzeitung.
Unterstreiche die Verben im Konjunktiv I (in der indirekten Rede).

Amanis Traumberuf

Amani möchte Bankkauffrau werden. In unserem Interview schwärmt sie von
ihrem Praktikum bei der Stadtsparkasse. Sie erzählt, dass sie vieles machen dürfe.
Sie fülle Überweisungen für Kunden aus und sei bei Kreditberatungsgesprächen
dabei. Die Arbeit mache ihr großen Spaß. Sie müsse sich jedoch anstrengen, um
5 einen guten Realschulabschluss zu bekommen. Und sie wolle sich schon jetzt auf
den Einstellungstest vorbereiten. Es gebe dazu viele Informationen im Internet.

b) Notiere zu den Infinitiven in der Tabelle die Konjunktiv I-Formen aus dem Text.
Bilde anschließend die entsprechenden Indikativ-Formen.

c) Vergleiche die Formen von Infinitiv, Konjunktiv I und Indikativ.
Markiere Übereinstimmungen grün.

Infinitiv	Konjunktiv I	Indikativ Präsens
machen dürfen	*sie*	*sie darf machen*
ausfüllen		
sein		
machen		
sich anstrengen müssen		
sich vorbereiten wollen		
geben	*es*	*es*

2 a) Unterstreiche in der folgenden Interview-Mitschrift die Verben im Indikativ.

b) Formuliere den Text für den Schülerzeitungsartikel in die indirekte Rede um.
Verwende dafür Konjunktiv I-Formen. Schreibe in dein Heft.

HILFE

Amani erzählt, ...

Sie sagt, ...

Sie berichtet, ...

Amani: „Die Arbeit als Bankkauffrau ist mein Traumjob. Ich will diesen Traum auf
jeden Fall verwirklichen! Deshalb mache ich alles, um den Eignungstest zu
bestehen. Ich arbeite gerade ein Buch mit Prüfungsfragen durch. Dort gibt es viele
Tipps. Man soll beispielsweise mindestens vier Wochen vor dem Test mit der
Vorbereitung beginnen.“

Bildung und Verwendung von Konjunktiv II

- Mit dem **Konjunktiv II** drückt man **Wünsche und Vorstellungen** aus, z.B.:
  Ich wünschte, ich wäre Bankkauffrau.
  Der Konjunktiv II wird außerdem als **Höflichkeitsform** verwendet, z.B.:
  Könnten Sie bitte die Überweisung für mich ausfüllen?
- Bildung des **Konjunktivs II**: **Verbstamm im Präteritum + Konjunktiv-Endung**
- Häufig wird auch die **Umschreibung** mit *würde* **+ Infinitiv** verwendet, z.B.:
  Ich arbeitete gern in einer Bank. → Ich würde gern in einer Bank arbeiten.

INFO

Bei einigen Verben wird aus
dem Stammvokal
der Präteritumform
im Konjunktiv II
ein Umlaut:
Präteritum: *er gab* →
Konjunktiv II: *er gäbe*

1 a) Unterstreiche alle Konjunktiv II-Formen im Text.

Amanis Wunschtraum

Ich wünschte, …
ich bekäme den Ausbildungsplatz bei der Stadtsparkasse.
Ich arbeitete hinter einem Bankschalter in einem schicken Hosenanzug.
Ich unterstützte einen eleganten Herrn bei einer Überweisung
5 und schriebe alle Daten korrekt in das Formular.
Er wäre mir sehr dankbar für meine Hilfe
und gäbe mir seine Visitenkarte.
Meine Kollegen freuten sich über mich als Auszubildende.
Eines Tages könnte ich Finanzberaterin werden.

b) Trage die Konjunktiv II-Formen in die Tabelle ein.
Ergänze den Infinitiv und die Präteritum-Form im Indikativ.

c) Vergleiche die Formen von Konjunktiv II und Indikativ Präteritum.
Markiere Übereinstimmungen grün.

Infinitiv	Konjunktiv II	Indikativ Präteritum
wünschen	ich wünschte	
	ich bekäme	ich bekam

2 Welchen Zukunftstraum hast du? Formuliere drei Sätze im Konjunktiv II.

HILFE

Ich wünschte, ich wäre/könnte/hätte …

Wenn ich … wäre/könnte/hätte, dann …

_____

_____

_____

_____

Aktiv und Passiv verwenden

Bildung und Verwendung von Passiv

- Bei Sätzen im **Aktiv** wird **die/der Handelnde** ausdrücklich genannt, z.B.:
  (Die Polizei) *fasste den Dieb.* (Er) *legte ein Geständnis ab.*
- Bei Sätzen im **Passiv** wird der Blick auf **das Geschehen** gerichtet.
  Die/Der Handelnde bleibt meist ungenannt, kann aber mit der Präposition
  durch oder **von** hinzugefügt werden, z.B.: *Der Dieb* <u>*wurde (von der Polizei) gefasst.*</u>
- Bildung des **Vorgangspassivs**: **Form von *werden* + Partizip II**
- Das **Zustandspassiv** ist eine Nebenform und beschreibt einen **Zustand**, z.B.:
  Das Diebesgut wird beschlagnahmt. → *Das Diebesgut* <u>*ist beschlagnahmt*</u>.
- Bildung des **Zustandspassivs**: **Form von *sein* + Partizip II**

1 a) Lies die folgende Zeitungsmeldung. Unterstreiche alle Passivformen und
kreise die jeweils Handelnden ein.

Seltsame Beute

Gestern wurden in Witten 33 Säcke Streusalz von einem einzelnen Mann
gestohlen. Er erwartete vermutlich einen harten Winter. Sein kriminelles Interesse
wurde von dem spontanen Blick auf eine Palette Streusalz geweckt, als er gerade
aus dem Fenster eines Schnellrestaurants schaute. Beim Verladen der 33 Säcke in
5 seinen Lieferwagen wurde der Mann von einer Frau beobachtet. Als er gerade mit
den 825 Kilogramm Salz das Baumarktgelände verlassen wollte, wurde er von der
Polizei gefasst.

b) Formuliere die Passivsätze in Aktivsätze um. Behalte die Zeitform (Präteritum) bei.

Gestern stahl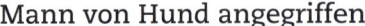

_____

_____

_____

_____

2 a) Unterstreiche in der folgenden Zeitungsmeldung alle Verben im Aktiv.

b) Forme die Aktivsätze in Passivsätze um. Überlege bei jedem Satz, ob die/der
Handelnde angegeben werden sollte. Schreibe in dein Heft.

Mann von Hund angegriffen

Ein Hund griff gestern einen 81-jährigen Mann am Bahnhofsplatz an.
Der Hund sprang den alten Mann zuerst an. Dann biss er ihn ins Bein.
Der 81-Jährige schlug das Tier mit seinem Stock in die Flucht.
Ein Krankenwagen fuhr den Verletzten ins Krankenhaus.
5 Die Polizei sperrte den Hund zunächst ein und brachte ihn dann
ins Tierheim.

3 a) Lies die folgende Zeitungsmeldung. Unterstreiche Sätze, in denen dir die Passivform sinnvoll erscheint.

b) Schreibe die Meldung in dein Heft. Formuliere dabei die unterstrichenen Sätze in Passivsätze um.

INFO
> Im Aktiv ist wichtig, <u>wer</u> handelt.
> Im Passiv ist wichtig, <u>was</u> da geschieht.

Plötzlich gefangen

Ein Bürgermeister befreite einen jungen Mann aus dem Frauengefängnis. Grünanlagen hinter einem offenen Tor hatten den 24-Jährigen dazu verleitet, einzutreten. Wärter verschlossen das Tor, nachdem der Mann irrtümlich hindurchgegangen war. So schlossen die Tore und Mauern den jungen Mann zufällig im
5 Frauengefängnis ein. Der Bürgermeister besuchte gerade die Einrichtung. Er hörte ein Rufen und alarmierte die Wärter. Sie erlösten den „Gefangenen".

4 Formuliere aus den folgenden Notizen eine Zeitungsmeldung. Verwende dabei sowohl Aktiv- als auch Passivformen, um den Text sprachlich abwechslungsreich zu gestalten. Schreibe in dein Heft.

> – gestern Festnahme einer 75-jährigen Frau durch georgische Polizei
>
> – zuvor Unterbrechung der Internetverbindung in Teilen Georgiens und Armeniens
>
> – Rentnerin: Durchtrennung von Glasfaserkabel auf Suche nach Altmetall
>
> – Mitnahme der Frau, später wieder Freilassung wegen hohen Alters
>
> – Reparatur des Internetkabels durch Techniker innerhalb von zwölf Stunden

5 Formuliere Sätze im Zustandspassiv.

(1) Das Restaurant wurde nach einem Überfall geschlossen.

Das Restaurant ist _____

(2) Der Flughafen wurde wegen einer Bombendrohung am Morgen gesperrt.

_____

_____

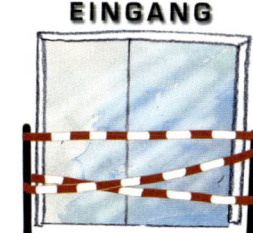

(3) Durch das Erdbeben wurden mehrere Städte zerstört.

_____

(4) Das Schloss wurde nach dem Brand im letzten Winter wieder komplett restauriert.

_____

_____

Das Partizip verwenden

 Bildung und Verwendung von Partizipien

Partizipien werden **vom Verb abgeleitet**. Sie können die **Funktion eines Adjektivs** übernehmen und etwas beschreiben, z.B.: *Tom hat den passenden Job gefunden.*
- Bildung von **Partizip I** (Partizip Präsens): **Infinitiv + d** *(passen → passend)*
- Bildung von **Partizip II** (Partizip Perfekt): **ge + Verbstamm + (e)t/en**
  (suchen → gesucht, kommen → gekommen)
- Partizip II-Formen werden auch für die **Bildung von Zeitformen** benötigt,
  z.B. Perfekt: *Ich habe meine Ausbildung abgeschlossen.*

1 a) Lies den Text und unterstreiche die acht Partizipien.

b) Ordne die Partizipien in die Tabelle ein und ergänze jeweils die Infinitive der Verben, von denen sie abgeleitet wurden.

Endlich eine Ausbildungsstelle!

Paul hat den „qualifizierenden Hauptschulabschluss". Er würde gern eine Ausbildung in einem angesagten Modegeschäft machen und parallel dazu die mittlere Reife nachholen. Da Paul zunächst keine geeignete Ausbildungsstelle finden konnte, besuchte er eine überbrückende Bildungsmaßnahme. Trotzdem
5 schrieb er weiter Bewerbungen und absolvierte anstrengende Eignungstests. Nach aufregenden Wochen des Wartens erhielt Paul eine positive Rückmeldung. Im kommenden August beginnt er die angestrebte Ausbildung zum Verkäufer.

Partizip I	Abgeleitet von ...	Partizip II	Abgeleitet von ...

2 Ergänze im folgenden Text die fehlenden Partizipien. Bilde dazu aus den Verben in der Randspalte Partizip I-Formen und ordne sie ein.

stehen
herausfordern
ausreichen
konkurrieren
ausbilden

Die Schulabgänger/innen benötigen Informationen über die _____

Bewerbungsverfahren. Nur mit _____ Vorbereitung kann

es ihnen gelingen, sich erfolgreich auf die zur Verfügung _____

Ausbildungsplätze zu bewerben. Die _____ Betriebe haben

die Pflicht, den _____ Bewerberinnen und Bewerbern

gleiche Chancen zu bieten.

Nominalstil und Verbalstil unterscheiden

Verwendung von Nominalstil und Verbalstil

- In Texten im **Nominalstil** werden viele Nomen und Nomengruppen verwendet. Dadurch werden die Texte meistens kürzer, aber schwerer verständlich, z.B.: *Die Berücksichtigung aller Wünsche stellt eine große Schwierigkeit dar.*
- Sätze im **Verbalstil** sind häufig länger, aber oft einfacher zu verstehen, z.B.: *Es ist sehr schwierig, alle Wünsche zu berücksichtigen.*

INFO

Texte im Nominalstil enthalten viele Nominalisierungen. Das sind Nomen, die aus Verben, Adjektiven oder anderen Wortarten entstanden sind, z.B.: *lernen → das Lernen*

1 a) Lies den folgenden Text. Wie wirkt er auf dich? Notiere deinen Eindruck.

_____

Probleme mit Brian

Durch die Verweigerung der Mitarbeit im Haushalt kam es zum Streit zwischen Brian und seinen Eltern. Die Eltern forderten von ihm die sorgfältige Erledigung seiner häuslichen Pflichten. Sie übten außerdem Kritik an Brians gemeinem Verhalten gegenüber seinem Bruder. Diese Probleme führten zu einer Abnahme des Zusammenhalts in der Familie.

b) Unterstreiche die Nomen im Text oben.

c) Formuliere die Sätze in den Verbalstil um. Bilde dazu Nebensätze.

Weil Brian sich weigerte, im Haushalt mitzuarbeiten, _____

_____

Die Eltern forderten, dass er _____

_____

Sie kritisierten außerdem, dass _____

_____

Diese Probleme führten dazu, dass _____

_____

2 Formuliere die folgenden Sätze in den Nominalstil um. Verwende Nomen und Nomengruppen aus der Randspalte und schreibe in dein Heft.

Die Situation in der Familie wurde immer schlimmer, weil Brian seine Aufgaben unzuverlässig erledigte. Seine Eltern entschieden, dass er noch eine Chance erhalten sollte. Der Bruder stimmte zu. Die gesamte Familie stellte daraufhin fest, dass Brian doch mitarbeiten kann. Schließlich waren alle erleichtert.

3 In welchen Texten wird der Nominalstil häufig verwendet? Kreuze an.

☐ Inhaltszusammenfassungen ☐ Tagebucheinträge ☐ Romane

☐ juristische Texte/Gesetze ☐ persönliche Briefe ☐ Kurzgeschichten

☐ Mitschriften von Vorträgen ☐ wissenschaftliche Berichte

Verschlimmerung der Situation

aufgrund der unzuverlässigen Erledigung

die Entscheidung treffen

seine Zustimmung geben

die Feststellung machen

zur Mitarbeit fähig sein

Erleichterung verspüren

Sätze verbinden und umgestalten

Sätze verbinden und umgestalten

Du kannst Sätze durch **Konjunktionen und Adverbien** verbinden und dadurch die Beziehung zwischen ihnen deutlich machen.
- Beispiele für **Konjunktionen**: *als, da, damit, dass, indem, obwohl, weil, wenn*
- Beispiele für **satzverbindende Adverbien**: *allerdings, also, außerdem, dafür, dagegen, danach, dennoch, deshalb, so, sonst, trotzdem, vorher*
- Durch **Relativsätze** kannst du ein Nomen im Hauptsatz genauer beschreiben. Sie werden meist durch die **Relativpronomen** *der, die* oder *das* eingeleitet.

1 a) Unterstreiche in den Beispielen (1) bis (5) jeweils im ersten Satz das Nomen, auf das sich der zweite Satz bezieht.

b) Fasse die zwei Hauptsätze zusammen. Bilde dazu zu jedem unterstrichenen Nomen einen Relativsatz. Achte auf die Kommasetzung.

Girls' Day

(1) Am Girls' Day wurden fast 10.000 Aktionen für mehr als 125.000 Mädchen angeboten.
Er findet seit 2001 jedes Jahr statt.
(2) Der Girls' Day ermöglicht Mädchen, in Berufe hinein-zuschnuppern.
Die meisten Berufe kannten die Mädchen vorher kaum.
(3) Die angebotenen Veranstaltungen fanden z. B. in Tischlereien und bei der Polizei statt.
Sie waren ein voller Erfolg.
(4) Inzwischen gibt es zusätzliche Aktionen für Jungen.
Sie wählen häufig auch typische Männerberufe.
(5) Der Jungen-Zukunftstag findet parallel zum Girls' Day statt. Er nennt sich Boys' Day.

(1) Am Girls' Day, der seit 2001 jedes Jahr stattfindet, wurden

(2) _____

(3) _____

(4) _____

(5) _____

2 Verbinde die folgenden Sätze sinnvoll miteinander. Wähle dafür passende Konjunktionen oder Adverbien aus dem Merkkasten auf Seite 70.

In der heutigen Zeit dringen Frauen immer noch selten in bestimmte Arbeitsgebiete

ein, _____ diese scheinbar Männern vorbehalten sind. Männer arbeiten z. B. oft

im Bereich Technik, _____ arbeiten Frauen häufiger in den Bereichen Erziehung

und Pflege, _____ sie gern mit Menschen umgehen. Stark vertreten sind bei

den Frauen in Deutschland Berufe wie Friseurin, Verkäuferin, Bürokauffrau. Diese

Berufswahl führt oft auch dazu, _____ Frauen ein geringeres Einkommen haben.

Der Girls' und Boys' Day wird organisiert, _____ Mädchen und Jungen in

„untypische Berufe" hineinschnuppern können. Mädchen und Jungen brauchen Mut,

_____ trauen sie sich nicht, solche Berufe zu erlernen.

3 Verbinde die Sätze jeweils miteinander, indem du dass-Sätze formulierst. Setze die notwendigen Kommas.

(1) Frauen wählen und erlernen andere Berufe als Männer.
Das ist oft noch so.
(2) Auch technische und naturwissenschaftliche Berufe sind für Mädchen interessant.
Dies soll der Girls' Day zeigen.
(3) Mädchen können z. B. auch Softwareentwicklerin oder Kfz-Mechatronikerin werden.
Dies muss selbstverständlich sein.
(4) Erzieher, Kranken- und Altenpfleger sind interessante Berufe.
Jungen sollen dies erfahren.
(5) Ihre Berufswahl ist oft sehr einseitig.
Dies sollen die Jugendlichen erkennen.

(1) Oft ist es noch so, dass Frauen _____

_____

(2) Der Girls` Day soll zeigen, dass _____

_____

(3) _____

_____

(4) _____

_____

(5) _____

_____

4 a) Welche Konjunktion eignet sich jeweils zur Verbindung der zwei Sätze? Kreuze an.

b) Formuliere mit Hilfe der passenden Konjunktion Satzgefüge aus Hauptsatz und Nebensatz. Achte auf die Kommasetzung.

(1) Mädchen und Jungen erlernen häufig unterschiedliche Berufe.
+ Bestimmte Berufe werden von der Gesellschaft Frauen oder Männern zugeordnet.

☐ obwohl   ☐ dass   ☐ weil

Mädchen und Jungen erlernen häufig unterschiedliche Berufe, _____

_____

(2) Mädchen brauchen weibliche Vorbilder in „männertypischen" Berufen.
+ Sie trauen sich, selber „Männerberufe" zu ergreifen.

☐ damit   ☐ wenn   ☐ als

_____

_____

(3) Jugendliche denken über ihre Lebens- und Berufsziele nach.
+ Girls' Day und Boys' Day fördern das.

☐ indem   ☐ dass   ☐ da

_____

_____

INFO

Nebensätze beginnen häufig mit einer Konjunktion. Am Ende steht immer das finite Verb.

5 Der Nebensatz kann auch vor dem Hauptsatz stehen. Stelle die Sätze (1) und (2) aus Aufgabe 4 so um, dass sie jeweils mit dem Nebensatz beginnen. Setze Kommas.

(1) Weil bestimmte Berufe _____

_____

(2) _____

_____

6 a) Ordne den Sätzen (1) bis (4) jeweils einen passenden Einschub zu. Markiere die Stelle im Satz, an der der Einschub eingefügt werden kann.

b) Schreibe die Sätze vollständig in dein Heft. Achte auf die Kommasetzung.

(1) Junge Menschen X wählen häufig Berufe im Dienstleistungsbereich.

(2) Entscheidungen für eher „männertypische" Berufsfelder fällen Frauen noch zu selten.

(3) Bei jungen Männern dagegen sind bestimmte Tätigkeiten immer noch nicht häufig vertreten.

(4) Vorbilder können motivieren.

(A) wie z. B. Technik und Handwerk

(B) wie der Nachbar, der als Erzieher arbeitet

(C) in erster Linie im sozialen Bereich

(D) vor allem Frauen

Texte überarbeiten

Den Ausdruck überarbeiten

Wenn du einen Text überarbeitest, solltest du auch den Ausdruck prüfen.

- Texte werden verständlicher und besser lesbar, wenn du die **inhaltlichen Beziehungen zwischen den Sätzen** deutlich machst. Prüfe in deinem Text, ob die Sätze logisch miteinander verbunden sind. Verwende Hauptsatzkonjunktionen, Nebensatzkonjunktionen und satzverbindende Adverbien.
- Vermeide **Wortwiederholungen** am Satzanfang.
  - Formuliere stattdessen Relativsätze.
  - Stelle die Satzglieder um.
  - Verwende Pronomen oder Synonyme (sinnverwandte Wörter).

INFO

Hauptsatzkonjunktionen:
aber, denn, und

Nebensatzkonjunktionen:
als, da, damit, dass, obwohl, weil, wenn

Adverbien:
allerdings, also, anfangs, außerdem, dadurch, dafür, dagegen, daher, danach, dann, dennoch, deshalb, folglich, jedoch, schließlich, so, sonst, trotzdem, vorher

1 a) Lies den folgenden Artikel für eine Schülerzeitung und notiere erste Korrekturhinweise in die rechte Spalte.

b) Sätze, die mit einem roten Bogen verbunden sind, sollen noch besser verknüpft werden. Notiere rechts, welche Konjunktionen oder Adverbien jeweils geeignet sind.

c) Formuliere den unterringelten Satz im Nominalstil um. Notiere einen Satz im Verbalstil in die rechte Spalte.

d) Überarbeite die unterstrichenen Wortwiederholungen. Überlege jeweils, welche der Möglichkeiten aus dem Merksatz oben geeignet ist.
Notiere deine Idee in die Korrekturspalte.

e) Überarbeite den Artikel mit Hilfe der Korrekturhinweise. Schreibe in dein Heft.

Bewerbungen – ein endloser Marathon?

Suchst du auch einen Ausbildungsplatz?

Musst du dich bald bewerben? Es besteht die

Möglichkeit des Trainings zum Schreiben von

Bewerbungen. Es gibt Bücher mit Muster-

5 bewerbungen. Es gibt auch viele Hinweise

im Internet. Du kannst dich genau über

den angestrebten Beruf informieren. Du musst

dir folgende Fragen stellen: Was gefällt mir

an dem Beruf? Was kann ich gut? Mit welchen

10 Fähigkeiten kann ich mich dort einbringen?

Meistens versenden Bewerber sehr viele

Bewerbungen an Firmen. Mit einem müssen

Bewerber rechnen: Man ist nicht gleich mit

der ersten Bewerbung erfolgreich. Man

15 bekommt oft nicht einmal seine Unterlagen

zurück. Du solltest dich nicht entmutigen

lassen.

2 a) Lies den folgenden Schülerzeitungsartikel zum Thema „Bewerbungsgespräch".
Markiere Auffälligkeiten und notiere erste Ideen für Korrekturen in die Korrekturspalte.

b) Prüfe den Text genau und notiere weitere Korrekturvorschläge.
– Trage ein, wo Absätze enden.
– Markiere Sätze, die miteinander verknüpft werden sollen.
  Zeichne Bögen ein und notiere passende Konjunktionen oder Adverbien.
– Unterstreiche Wortwiederholungen und notiere Überarbeitungsvorschläge.

c) Überarbeite den Text Absatz für Absatz und schreibe ihn vollständig in dein Heft.

Gut vorbereitet ist halb gewonnen

Eine Einladung zum Vorstellungsgespräch ist _____

bereits ein erster Erfolg. Du solltest dich auf das _____

Gespräch gut vorbereiten. Wenn du die Einladung _____

zum Gespräch erhältst, solltest du umgehend _____

5 bei der Personalabteilung anrufen. Bestätige _____

den Termin. Du darfst auf keinen Fall zum _____

Gesprächstermin zu spät kommen. Du solltest _____

frühzeitig eine passende Bus- oder Zug- _____

verbindung raussuchen und die Strecke am _____

10 besten schon einmal abfahren. Du kannst die _____

Zeit gut einschätzen, die du für den Weg _____

benötigst. Plane 15 min mehr Zeit ein, falls sich _____

der Bus oder die Bahn verspätet. Du solltest _____

bei dem Gespräch bereits etwas über das _____

15 Unternehmen wissen. Recherchiere im Internet. _____

Notiere wichtige Informationen über das _____

Unternehmen. Überlege dir Fragen, die deine _____

Gesprächspartner stellen könnten. Denke über _____

passende Antworten nach. Übe das Vorstellungs- _____

20 gespräch mit einer Freundin oder einem Freund. _____

Bitte sie oder ihn um eine Rückmeldung: _____

Wie überzeugend hast du die Fragen beantwortet? _____

Wie hat deine Körpersprache (Mimik, Gestik und _____

Körperhaltung) gewirkt? Ein wichtiger Tipp: _____

25 Bereite deine Kleidung einige Tage vor dem _____

Gespräch vor. Man entdeckt nicht selten noch _____

einen Fleck auf dem einzigen Hemd. Man merkt, _____

dass die Hose inzwischen zu eng geworden ist. _____

Fit für Prüfungen!

Nachdenken über Sprache

1 a) Unterstreiche in der wörtlichen Rede alle Verben im Indikativ.

Marvin ist bald mit der Schule fertig und erzählt von seinen Zukunftsplänen: „Ich habe das Ziel, Kfz-Mechatroniker zu werden. Danach mache ich meinen Meister. Das gibt mir die Möglichkeit, eine eigene Werkstatt zu eröffnen. Mein Kumpel Serhat ist im ersten Lehrjahr in einer Autowerkstatt. Ich besuche ihn manchmal und darf jetzt auch ein Praktikum dort machen. Ich will im selben Betrieb ausgebildet werden. Deshalb muss ich mich im Praktikum anstrengen."

b) Ergänze den Lückentext mit Verben im Konjunktiv I (indirekte Rede).

Marvin erzählt, dass er das Ziel _____ , Kfz-Mechatroniker zu werden.

Danach _____ er seinen Meister. Das _____ ihm die Möglichkeit,

eine eigene Werkstatt zu eröffnen. Er berichtet, sein Kumpel Serhat _____

im ersten Lehrjahr in einer Autowerkstatt. Er _____ ihn manchmal und

_____ jetzt auch ein Praktikum dort _____ . Er _____ im

selben Betrieb _____ _____ . Deshalb _____ er sich im

Praktikum _____ .

2 Setze folgende Sätze ins Passiv.

Ein Vater stellte gestern den Kinderwagen mit Kleinkind vor einem Geschäft ab. Sein Hund bewachte das Kind im Kinderwagen. Ein anderer Hund warf den Kinderwagen beinahe um. Der Hund der Familie verjagte jedoch den wilden Hund rechtzeitig und bewahrte so das Kind vor einem Unglück.

_____

_____

_____

_____

_____

3 Trage passende Konjunktionen oder Adverbien in den Text ein.

_____ es eine große Auswahl an Berufen gibt, ist nicht jeder Auszubildende

mit seiner Wahl zufrieden. Manchmal sind die Jugendlichen enttäuscht, _____

sie sich die Tätigkeit anders vorgestellt hatten. _____ ist es wichtig, sich

vorher gut zu informieren. _____ bietet ein Praktikum die beste Möglichkeit.

Fehler erkennen und berichtigen

> ### Mit Fehlerwörtern sinnvoll weiterüben
>
> Nutze Fehler, die du in einem Text gemacht hast, zum Üben.
> - Schreibe das Fehlerwort **korrigiert** noch einmal auf, z. B.: *wunderbar*.
> - Notiere die **Wortart**, z. B.: *Adjektiv*.
> - Notiere eine kurze **Regel**, z. B.: *-bar ist eine Adjektivendung → kleinschreiben*.
> - Schreibe zwei **Beispielsätze** auf, in denen das Fehlerwort vorkommt, z. B.:
>   *Der Film war einfach wunderbar! Sie hielt eine wunderbare Rede.*
> - Notiere möglichst viele ähnliche **Beispiele**, z. B.: *sonderbar, zahlbar*.

1 a) Lies den folgenden Text Satz für Satz. Präge dir jeweils einen Satz ein, decke ihn mit einem Blatt Papier ab und schreibe ihn in dein Heft.
Verfahre so mit dem gesamten Text.

b) Kontrolliere deine Rechtschreibung mit Hilfe des Originaltextes. Unterstreiche Fehler.

Das menschliche Weinen

Ob Trauer, Freude oder Zorn: Es gibt viele Anlässe zum Weinen. Allerdings ist unklar, warum der Mensch überhaupt weint. Wenn wir beim Lottogewinn, bei einer
5 Beerdigung oder nach einem verlorenen Fußballspiel Tränen vergießen, erbringt das, zumindest aus biologischer Sicht, keinen nennenswerten Nutzen. Charles Darwin war einer der ersten
10 Wissenschaftler, der über die Gründe für das emotionale* Weinen des Menschen nachdachte. Er fand zwei Erklärungen. Zum einen sei Weinen ein Signal der Hilfsbedürftigkeit, zum anderen wirke es
15 entspannend. Weshalb Menschen allerdings salzige Tränen vergießen, das erklärt weder die eine noch die andere These. Es ist heute in der Forschung umstritten, ob das Weinen entspannend und beruhigend wirkt. Häufig
20 ist eher das Gegenteil der Fall.

emotional:
gefühlsmäßig, auf Gefühle zurückgehend

2 a) Erstelle zu deinen Fehlerwörtern eine Fehleranalyse. Übertrage dazu die folgende Tabelle in dein Heft und ergänze sie.

Korrigiertes Fehlerwort	Fehlerart/Erklärung	Regel: Wie vermeide ich den Fehler?
Wissenschaftler	ss statt ß	ss nach kurzem betontem Vokal
...	...	...

b) In welchen Bereichen hast du noch Übungsbedarf? Kreuze an.

☐ Fach- und Fremdwörter   ☐ Getrennt- und Zusammenschreibung

☐ Groß- und Kleinschreibung   ☐ Kommasetzung   ☐ dass/das

☐ gleich und ähnlich klingende Laute (ä/e, äu/eu, b/p, d/t, g/k, v/f, ss/ß)

3 a) Unterstreiche in dem folgenden Text die sechs zusammengesetzten Nomen.

Auch Säugetiere besitzen einen Tränenapparat*. Dieser verhindert, dass das Auge austrocknet. Außerdem werden mit Hilfe von Tränenflüssigkeit Fremdkörper* aus dem Auge herausgespült. Solche Tränen kennen wir vom Zwiebelschneiden oder von Allergien. Die emotionalen Tränen, die aus Traurigkeit oder Schmerz
5 geweint werden, gibt es nach dem Wissen von Tierforschern dagegen nur bei uns Menschen.

der Tränenapparat: Organ des Auges, bildet Tränen und leitet sie weiter
der Fremdkörper: *hier:* Schmutz oder kleine Insekten

b) Zerlege die unterstrichenen Zusammensetzungen und notiere ihre Bestandteile.

säugen + Tier = das Säugetier; _____

_____

_____

4 a) Markiere in dem folgenden Text die sechs Rechtschreib- und drei Kommafehler. Schreibe die Korrektur jeweils neben die Zeile.

Das menschliche <u>weinen</u> ist eine sehr ursprüngliche Art des   *Weinen* _____

Sozialverhaltens. Kleinkinder machen durch das Weinen   _____

auf sich aufmerksam wenn sie noch nicht sprechen können.   _____

Bei Menschen geben Gefühle Anlaß zum weinen, z. B.   _____

5 Wut Trauer, Verlust, Krenkung oder Freude.   _____

Tiere haben eine andere Art, ihre Gefühle mitzuteilen.   _____

Schmerz und trauer empfinden Tiere ebenso, auch ohne   _____

vergoßene Tränen. Hunde zum Beispiel wedeln mit dem   _____

Schwanz bellen oder jaulen.   _____

Achtung Fehler!

b) Erstelle zu fünf Korrekturen Übersichten nach dem folgenden Beispiel in deinem Heft.

Übungswort: das Weinen   *Fehlerart: Großschreibung*

Regel: ⟨*das*⟩ *menschliche Weinen, Begleiter vorhanden → Nomen, Nominalisierung*

weitere Beispiele: Beim Weinen fließen Tränen.
            das Lachen, zum Weinen

c) Schreibe den Text fehlerfrei auf.

_____

_____

_____

_____

_____

_____

Fremdwörter richtig schreiben

Fremdwörter richtig schreiben

Fremdwörter sind Wörter, die **aus anderen Sprachen übernommen** wurden.
Dabei behalten sie oft die Schreibung und Aussprache aus dem Herkunftsland.
- Typische **Vorsilben (Präfixe)** von Fremdwörtern: *anti-, con-, ex-, inter-, pro-, trans-*
- Typische **Nachsilben (Suffixe)**: *-ion, -tion, -age, -ur, -eur, -ieren, -ell*

1 a) Ordne die hervorgehobenen Fremdwörter nach Wortarten und notiere sie in die Tabelle. Ergänze bei Nomen den Artikel.

b) Suche im Text drei weitere Fremdwörter und ordne sie in die Tabelle ein.

Meine Praktikumsfirma

Die **Atmosphäre** in der Firma ist sehr entspannt. Für neue Mitarbeiter ist die **Situation** von Anfang an angenehm. Die Reaktionen auf Praktikanten sind **positiv** und aus **Smalltalk** werden schnell ernsthafte Gespräche. Die Kollegen sind sehr **aktiv** und **engagieren sich** für die Vertretung der **Interessen** der Auszubildenden

5 und Praktikanten. Diese intensivieren die Kontakte untereinander durch gemeinsame Abende. Die Treffen finden zu regelmäßigen **Terminen** statt und haben einen sensationellen **Effekt**. Alle Teilnehmenden profitieren davon.

Nomen	Verben	Adjektive

2 Ergänze passende Fremdwörter aus der Randspalte in der notwendigen Form.

Ben _____ schon immer für die Arbeit mit Kindern.

Während eines Praktikums in einem Kindergarten möchte er seine Erfahrungen

mit Kindern _____ . Die _____

_____ der Kinder haben ihn darin bestärkt, sich um einen

Ausbildungsplatz als Erzieher zu bewerben. Durch sein großes _____

bei der Arbeit hat er die _____ der Eltern gewonnen.

Bens Stärke ist seine _____ . Er liebt die Arbeit im Kindergarten,

aber er freut sich auch auf den _____ Teil der Erzieherausbildung.

die Sympathie
intensivieren
die Fantasie
positiv
das Engagement
theoretisch
die Reaktion
sich interessieren

3 a) Notiere im Heft zu den Fremdwörtern von Aufgabe 2 weitere Wörter aus derselben Wortfamilie.

b) Formuliere zu einem Fremdwort aus jeder Wortfamilie einen Beispielsatz.

Verbindungen aus Nomen und Verb

> **Verbindungen aus Nomen und Verb richtig schreiben**
>
> - **Verbindungen aus Nomen und Verb** schreibt man meist **getrennt**, z. B.: *Handball spielen, Auto fahren, Schlange stehen, Gitarre spielen.*
> - **Nominalisierte Verbindungen** aus Nomen und Verb muss man **zusammen- und großschreiben**, z. B.: *beim Handballspielen, zum Autofahren, das Schlangestehen.*
> - Wenn ein **Nomen verblasst** ist oder in Verbindung mit dem Verb seine Eigenständigkeit verloren hat, schreibt man **zusammen**, z. B.: *An dem Turnier wollte er gern <u>teilnehmen</u>.*

1 a) Ergänze passende Nomen aus der Randspalte.

   b) Unterstreiche die Nomen-Verb-Verbindungen.

Meine Familie möchte mehr _____ treiben. Mein Bruder mag

_____ spielen. Ich fahre gern _____ . Uroma kann noch

gut _____ steigen. Mein Vater schmiedet _____ , wieder

einmal ins Fitnessstudio zu gehen. Mutter meint jedoch, er solle stattdessen die

_____ putzen. Auch das sei eine sportliche Betätigung.

Pläne
Handball
Sport
Treppen
Fenster
Fahrrad

2 a) Bilde aus den Nomen-Verb-Verbindungen von Aufgabe 1 Nominalisierungen.

   b) Formuliere zu jeder Nominalisierung einen Beispielsatz. Schreibe in dein Heft.

3 Die folgenden Verbindungen aus Nomen und Verb schreibt man zusammen. Bilde zu jedem Wort einen Beispielsatz. Schreibe in dein Heft.

> *heimfahren eislaufen preisgeben wettmachen handhaben*
>
> *schlafwandeln bruchrechnen sonnenbaden stattfinden*

HILFE

Sport treiben →
das Sporttreiben →
Beim Sporttreiben
verbraucht man
Kalorien.

4 Ergänze passende Nomen-Verb-Verbindungen. Achte auf die richtige Getrennt- und Zusammenschreibung und auf die Groß- und Kleinschreibung.

Meine Uroma muss keine _____ , dass ihr beim

_____ die Puste ausgeht. Sie will, soweit es geht,

auf ihre Gesundheit _____ .

Beim _____ auf ihrem Hometrainer bleibt sie

in Übung. Neulich wollte sie sogar mit mir _____ .

Es stört sie auch nicht, wenn sie im Supermarkt lange

_____ muss.

Nur das _____ bereitet ihr

beim _____ Probleme.

TREPPEN / STEIGEN
BASKETBALL / SPIELEN
EINFLUSS / NEHMEN
ANGST / HABEN
HEIM / FAHREN
RAD / FAHREN
TÜTEN / SCHLEPPEN
SCHLANGE / STEHEN

Verbindungen aus Adjektiv oder Adverb und Verb

Verbindungen aus Adjektiv/Adverb und Verb richtig schreiben

- Verbindungen aus **Adjektiv/Adverb und Verb** schreibt man **meist getrennt**, z. B.: *lästig fallen, ernst nehmen, dabei sitzen.*
- Wenn durch die Verbindung Adjektiv/Adverb und Verb ein Wort mit einer **übertragenen Bedeutung** entsteht, schreibt man **zusammen**, z. B.: *blaumachen* (schwänzen), *festnehmen* (verhaften), *dabeisitzen* (anwesend sein).

1 Bilde zu den folgenden Verbindungen Beispielsätze. Schreibe in dein Heft.

> *ernst nehmen   ordentlich arbeiten   laut rufen   freundlich lächeln   genau hören*
>
> *ruhig bleiben   gut singen   leicht fallen   perfekt tanzen   regelmäßig üben*

2 a) Schreibe zu folgenden Verbindungen mit übertragener Bedeutung Beispielsätze in dein Heft.

> *schwerfallen   kürzertreten   gutschreiben   richtigstellen*
>
> *freihalten   blaumachen   dichthalten   sichergehen   feinmachen*
>
> *bloßstellen   loslassen   klarstellen   schwertun   leichtfallen*

b) Ergänze in den folgenden Sätzen passende Verbindungen aus Aufgabe 2 a).

Neben der Ausbildung jobbe ich abends in einem Sonnenstudio. Den Montagabend

muss ich aber _____ , damit ich zeitig ins Bett komme und mir das

Aufstehen am nächsten Morgen nicht so _____ . Bisher war ich zum

Arbeitsbeginn zum Glück immer pünktlich. Ich würde niemals _____ ,

denn ich will _____ , dass mir die Ausbildung viel bedeutet.

3 a) Ordne den Ausdrücken (1) bis (6) die passende Adverb-Verb-Verbindung aus der Randspalte zu. Entscheide jeweils, ob du sie getrennt oder zusammenschreiben musst.

dabei/sitzen

dazu/kommen

auseinander/setzen

(1) sich über etwas Gedanken machen – _____

(2) verschiedene Plätze zuteilen – _____

(3) anwesend sein, Teil der Runde sein – _____

(4) Platz nehmen, nicht stehen – _____

(5) an etwas teilnehmen – _____

(6) etwas zeitlich schaffen – _____

b) Schreibe zu den Adverb-Verb-Verbindungen (1) bis (6) jeweils einen Beispielsatz in dein Heft.

Nominalisierungen großschreiben

Nominalisierungen großschreiben

- **Nomen** schreibt man stets groß. Wörter anderer Wortarten können nominalisiert werden. Auch sie werden dann **großgeschrieben**, z. B.:
  Beim Essen ist das Genießen wichtig.
- An **Begleitwörtern** erkennt man Nominalisierungen, z. B.:
  Artikel *(ein/das Lachen)*, Präpositionen *(beim = bei dem Essen)*, Pronomen *(dieses/dein Nachdenken)*, unbestimmte Mengenangaben *(viel Interessantes)*.
- Manchmal müssen **Begleitwörter dazugedacht** werden, z. B.:
  Ich erlebte (etwas) Aufregendes.
- Wörter **verschiedener Wortarten** können **nominalisiert** werden, z. B.:
  auf Du und Du, das Du anbieten, kein Wenn und Aber, mit Ach und Krach.

1 Unterstreiche in dem folgenden Text die zwölf Nominalisierungen.
Schreibe sie anschließend mit ihrem Begleitwort heraus.

Geräusche von Lebensmitteln

Geräusche sind etwas sehr <u>Wichtiges</u> beim Essen.
Deshalb arbeiten bei der Entwicklung von Nahrungsmitteln auch Spezialisten für Akustik* mit. Sie hören z. B.
auf das Knacken von Wiener Würstchen oder Keksen und
5 auf das Gluckern des Bieres beim Ausgießen. Cornflakes
oder Chips wirken dann besonders lecker, wenn sie beim
Reinbeißen laut krachen. Alles Knackige und Knusprige
muss laut und hell klingen, dann erscheint es uns
besonders frisch. Auch Lebensmittel brauchen also den
10 richtigen Ton. Werden neue Gerichte entwickelt, werden
auch die Geräusche, die beim Auspacken und Zerteilen
sowie während des Essens und Trinkens entstehen,
bewusst gestaltet.

die Akustik:
die Lehre vom Schall

etwas sehr Wichtiges, _____

_____

_____

_____

2 a) Schreibe den Text in der richtigen Groß- und Kleinschreibung in dein Heft.

b) Unterstreiche die Nominalisierungen in deinem Text.

ZUERST WERDEN DIE GERÄUSCHE BEIM KAUEN UND BEISSEN DER PRODUKTE
AUFGENOMMEN, DABEI ERFOLGT DAS AUFZEICHNEN DER ESSGERÄUSCHE GLEICH
MEHRERER ESSER. TESTPERSONEN NEHMEN ANSCHLIESSEND DAS VERGLEICHEN
UND BEWERTEN VOR. EIN OPTIMALER TON WIRD ENTWICKELT. DANN WIRD AN DER
5 HERSTELLUNG DES PRODUKTES GEFEILT, SODASS DAS GERÄUSCH BEIM ABBEISSEN
DEM OPTIMALEN TON ZIEMLICH NAHEKOMMT. BEI KEKSEN SIND Z. B. DICKE UND
FORM ETWAS SEHR WICHTIGES, EBENSO DER ZUCKERANTEIL. NICHT NUR
GESCHMACK UND AUSSEHEN SPIELEN ALSO EINE ROLLE, SONDERN AUCH DAS
AKUSTISCHE GENIESSEN.

Feste Wendungen

Feste Wendungen richtig schreiben

Die meisten **festen Wendungen** werden **großgeschrieben**, z.B.:
im Besonderen, im Grunde, bis ins Einzelne, des Weiteren, im Allgemeinen.
Die Schreibweise von festen Wendungen musst du dir einprägen.

1 Markiere die festen Wendungen im Text.

Fernseher und Handy ersetzen das Wartezimmer

Fernseher und Handys verbinden wir im Allgemeinen nicht sofort mit dem Thema „Gesundheit". Es gibt jedoch inzwischen Programme, die Verbesserung in Bezug auf Gesundheit und Stimmung versprechen. Einige Firmen entwickeln Telemedizin-Programme und -Geräte, die via Internet oder Mobilfunk arbeiten. Auf
5 Wunsch können sich Patienten mit ihrer Hilfe zu Hause medizinisch überwachen lassen, indem sie bis ins Einzelne Werte wie Puls, Blutdruck oder Gewicht per Internet an ihren Arzt übertragen. Fachpersonal prüft aus der Ferne täglich ihren Gesundheitszustand, so fühlen sich die Patienten sicher.

2 Ergänze die festen Wendungen in der richtigen Groß- und Kleinschreibung.

Solche Programme kommen bisher nur für wenige Patienten _____

(IN BETRACHT), da die Krankenkassen die Kosten noch nicht übernehmen. Sie ziehen

die Systeme noch _____ (IN ZWEIFEL) und fordern einen Nachweis

für deren Nutzen. Man könnte _____ (IN ERWÄGUNG) ziehen,

die Programme in Gegenden mit zu wenigen Ärzten einzusetzen.

Die Grenzen zwischen medizinischer Hilfe und Lifestyleprodukt sind jedoch

_____ (IM GROßEN UND GANZEN) fließend, da

Selbstbeobachtung _____ (IM GRUNDE) eine Lebenseinstellung ist.

3 a) Ordne die Begriffe aus der Randspalte den Präpositionen zu.

  b) Schreibe zu sieben festen Wendungen je einen Beispielsatz in dein Heft.

Lust und Laune
Betracht ziehen
Allgemeinen
Besonderen
Gewähr
Acht lassen
Acht nehmen
Grunde
Folgenden
Erwägung ziehen
Einzelnen
Kauf nehmen

außer: *außer Konkurrenz,* _____

in: *in Bezug auf,* _____

_____

im: *im Übrigen,* _____

_____

nach: *nach Wunsch,* _____

ohne: *ohne Zweifel,* _____

Zeitangaben schreiben – groß oder klein?

Zeitangaben richtig schreiben

Zeitangaben schreibt man **groß**, wenn sie als Nomen auftreten:
- **Wochentage**: *der Montag, der Donnerstag, am Sonntag*
- **zusammengesetzte Zeitangaben**: *der Freitagabend, am Montagmorgen*
- **Tageszeiten mit Zeitadverb davor**: *heute Morgen, gestern Abend*

Folgende Zeitangaben schreibt man **klein**:
- **Zeitadverbien (oft mit -s)**: *heute, morgen, mittags, montagabends*
- **Uhrzeitangaben**: *Es ist halb neun. Ich komme gegen zehn.*

1 Schreibe alle Zeitangaben im folgenden Text in der richtigen Groß- oder Kleinschreibung auf. Füge bei Nomen die Signalwörter hinzu und unterstreiche sie.

Job im Paradies?

Nick packt HEUTE MORGEN seine Sachen.
Schon MORGEN, am MITTWOCH, soll es losgehen. Dann
steigt er ABENDS um HALB ACHT in das Flugzeug nach
New York, denn SONNTAG beginnt sein Job als Koch auf
5 einem Kreuzfahrtschiff. Am DIENSTAGMORGEN in den
Südstaaten, DONNERSTAG in Florida, FREITAGABEND
auf Jamaika und am SONNTAGNACHMITTAG in der
Dominikanischen Republik – diese Reise durch die Karibik
klingt wie ein Traum, ist aber harte Arbeit: Jeden MORGEN
10 gegen FÜNF aufstehen, MITTAGS nur eine halbe Stunde
Pause, bis spät in die NACHT in der Küche, WOCHENTAGS
wie auch FEIERTAGS, so sieht der Alltag eines Kochs auf
einem Traumschiff aus.

_____

_____

_____

_____

_____

_____

2 a) Schreibe die folgenden Zeitangaben in der richtigen Groß- oder Kleinschreibung auf.

| *FRÜHMORGENS* | *EINES SCHÖNEN SONNTAGS* | *FREITAGABEND* | *FREITAGABENDS* |

_____

_____

b) Schreibe zu jeder Zeitangabe einen Beispielsatz in dein Heft.

3 Schreibe in deinem Heft einen Plan für deine Traumreise auf. Verwende dabei unterschiedliche Arten von Zeitangaben, wie sie im Merkkasten oben aufgeführt sind.

HILFE

Am Montagmorgen lande ich in …

… reise ich nach …

Ich besuche/besichtige/erkunde …

Kommas richtig setzen

INFO

Konjunktionen, die Hauptsätze verbinden:
aber, denn, doch, oder, sondern, und

Konjunktionen, die Nebensätze einleiten:
als, da, damit, dass, falls, indem, obwohl, sodass, weil, wenn

Kommas in Satzreihen und Satzgefügen setzen

- In einer **Satzreihe** werden zwei oder mehr Hauptsätze verknüpft. Sie werden durch ein Komma getrennt, z.B.:
  Viele Menschen tragen im Winter Stiefel, denn sie halten warm.
- Vor **und** und **oder** muss in der Satzreihe **kein Komma** stehen, z.B.:
  Turnschuhe sind bequem(,) und sie sind gesünder als Schuhe mit hohen Absätzen.
- In einem **Satzgefüge** werden Hauptsatz und Nebensatz verknüpft. Nebensätze werden durch ein Komma abgetrennt, z.B.:
  Viele tragen Winterstiefel, weil sie warm halten.
  Da sie gut aussehen, tragen Modebewusste Winterstiefel auch im Sommer.

1 a) Kreise in dem folgenden Text die Haupt- und Nebensatzkonjunktionen ein.

b) Unterstreiche die Hauptsätze und unterringele Nebensätze. Setze die fehlenden Kommas.

Moonboots

Am 16. Juli 1969 saß der italienische Designer Giancarlo Zanetta wie Millionen anderer Menschen vor dem Fernseher als Neil Armstrong als erster Mensch den Mond betrat. Die Stiefel der NASA-Astronauten
5 inspirierten den Designer und er entwarf den Moonboot. Dieser eroberte in den 70er Jahren zuerst die Skiorte und anschließend die Herzen der Frauen in ganz Europa. Da Kunststoff damals sehr angesagt war galt der Moonboot als besonders futuristisch und modern.

2 a) Unterringele die Nebensätze mit *dass* und markiere das Prädikat. Setze die fehlenden Kommas.

b) Schreibe die Sätze mit vorangestelltem *dass*-Satz in dein Heft.

(1) Nicht nur Wintersportler wussten zu schätzen dass die Moonboots bequem und leicht sind.
(2) Bei vielen Kundinnen kam gut an dass die Stiefel schnell trocknen und sich jeder Fußform anpassen.
(3) Heutzutage gefällt den Fans dass es den Moonboot in vielen verschiedenen Farben gibt.

3 a) Verbinde die zwei Hauptsätze jeweils sinnvoll zu einer Satzreihe oder einem Satzgefüge. Schreibe in dein Heft und setze die notwendigen Kommas.

b) Unterstreiche die Hauptsätze und unterringele Nebensätze.

der Strass: kleine Glassteine
die Pailletten: kleine Metallplättchen, die auf Kleidungsstücke aufgenäht werden

(1) Für Modebewusste gibt es Moonboot-Modelle mit Strass* und Pailletten*. Sportliche Typen setzen auf die Boots von Sportfirmen.
(2) Es wurden bereits viele Stars in Moonboots gesichtet. Der Anblick eines dicken Moonboot an einem Frauenbein bleibt gewöhnungsbedürftig.
(3) Aus diesen Schuhen wird ein Trend gemacht. Manche Stars tragen sie selbst in wärmeren Jahreszeiten aus dünnerem Material.
(4) Modekritiker sind sich oft nicht einig. Sie haben unterschiedliche Meinungen zu dem Stiefel.
(5) Moonboots bieten eine gute Alternative zu dicken Winterstiefeln. Sie sind warm, bequem und stylish zugleich.

- **Zusätzliche Informationen** zu einem Satz werden durch Komma abgetrennt, z. B.:
  Neue Trends werden schnell entdeckt, <u>insbesondere von Trendforschern</u>.
- Wenn sie **eingeschoben** sind, setzt man zwei Kommas, z. B.:
  Viele Menschen, <u>vor allem junge</u>, sind sehr trendbewusst.
- Mehrteilige **Zeitangaben ohne Präposition** grenzt man durch Kommas ab.
  Das abschließende Komma kann entfallen, z. B.:
  Wir verabredeten uns für <u>Freitag, 7. August, 20 Uhr(,)</u> zu einer Modenschau.

1 a) Unterstreiche in dem folgenden Text Einschübe und Nachträge zu den Sätzen.

b) Setze die fehlenden Kommas.

Trends

Überall begegnen uns Trends vor allem in der Mode. Die wichtige Frage nach den aktuellen Trends beschäftigt viele Menschen insbesondere junge. Seit längerem schon werden Trends erforscht und zwar professionell von Trendforschern, Trendscouts und Meinungsforschern. Die meisten dieser Forscher sind entsprechend ausgebildet z. B. als Psychologen, Soziologen und Wirtschaftsforscher.
Sie kennen und beobachten unser tägliches Verhalten vor allem das von Jugendlichen sehr genau, denn Jugendliche sind eine besonders geeignete Zielgruppe bei der Suche nach den neuesten Trends.

2 a) Ordne den Sätzen (1) bis (5) jeweils einen passenden Einschub zu.
Markiere die Stelle im Satz, an der der Einschub eingefügt werden kann.

b) Schreibe die Sätze vollständig in dein Heft. Achte auf die Kommasetzung.

(1) Trends gibt es in vielen Bereichen.	(A) insbesondere Farben und Formen
(2) Trends werden über Vorbilder verbreitet.	(B) vor allem in großen Städten
(3) Modefirmen erkennen Trends frühzeitig.	(C) besonders erfolgreiche
(4) Trendforscher sind in vielen Ländern unterwegs.	(D) z. B. in der Politik, in der Wirtschaft oder in den Medien
(5) Ihr Suchen und Forschen gilt neuen Stilrichtungen.	(E) oftmals Stars aus der Film- und Fernsehwelt

3 a) Unterstreiche in den folgenden Sätzen die Zeitangaben. Setze die nötigen Kommas.

Der Modedesigner fliegt Montag den 5. Juli nach Berlin.
Am Dienstag dem 6. Juli wird dort die Fashion Week eröffnet.
Er hat eine Einladung zur Fashion Night für Mittwochabend 7. Juli 21 Uhr
im Restaurant „Borchardt".
Am Freitag dem 9. Juli um 11 Uhr präsentiert er seine Kollektion.

b) Formuliere drei eigene Sätze zu deinen Terminen in diesem Monat.
Setze die nötigen Kommas.

_____

_____

_____

Zitate richtig kennzeichnen

Zitatzeichen richtig setzen

Wird in einem Text eine Stelle aus einem anderen Text wörtlich übernommen, muss dies gekennzeichnet werden.

- **Übernahme eines vollständigen Satzes**, z.B.: *Die Jugendlichen treffen sich.* „*Dann hörten sie Musik, am liebsten das, was verboten war.*" *(Zeile 5)*
- **Übernahme eines Satzteils**, z.B.: *Micha bringt neue Lieder aus einer Westberliner Sendung mit, die aber noch zu neu sind,* „*um schon verboten zu sein*" *(Zeile 7–8)*.
- **Auslassungen innerhalb des Textes**, z.B.: „*Keiner wusste, wer die Songs verbietet, und* […] *aus welchem Grund.*" *(Zeile 11–12)*

1 Lies den folgenden Auszug aus dem Roman „Am kürzeren Ende der Sonnenallee" und unterstreiche Informationen zu den Figuren im Text.

Thomas Brussig

Am kürzeren Ende der Sonnenallee

Sie trafen sich immer auf einem verwaisten Spielplatz – die Kinder, die auf diesem Spielplatz spielen sollten, waren sie selbst gewesen, aber nach ihnen kamen keine Kinder mehr. Weil kein Fünfzehnjähriger der Welt sagen kann, dass er auf den Spielplatz geht, nannten sie es „am Platz rumhängen", was viel subversiver
5 klang. Dann hörten sie Musik, am liebsten das, was verboten war. Meistens war es Micha, der neue Songs mitbrachte – kaum hatte er sie im SFBeat* aufgenommen, spielte er sie am Platz. Allerdings waren sie da noch zu neu, um schon verboten zu sein. Ein Song wurde ungeheuer aufgewertet, wenn es hieß, dass er verboten war. *Hiroshima* war verboten, ebenso wie *Je t'aime* oder die Rolling Stones, die von vorne
10 bis hinten verboten waren. Am verbotensten von allem war *Moscow, Moscow* von Wonderland. Keiner wusste, wer die Songs verbietet, und erst recht nicht, aus welchem Grund.

SFBeat:
Westberliner
Popmusik-Sendung

2 Die folgenden Angaben zu den Figuren des Romans wurden mit Textstellen belegt. Suche die entsprechenden Stellen im Text oben. Setze die fehlenden Zitatzeichen und ergänze die Zeilenangaben.

(1) Die Figuren des Romans sind Jugendliche, die sich immer auf einem verwaisten

Spielplatz (_____) treffen und dort Musik hören.

(2) Sie sagen zu ihren Treffen am Platz rumhängen (_____), weil Fünfzehnjährige

eigentlich zu alt für den Spielplatz sind.

(3) Auf dem Spielplatz hören sie Musik, am liebsten das, was verboten war (_____) .

3 Ergänze die folgenden zwei Aussagen zur Musik der Jugendlichen und zitiere passende Textstellen. Gib dabei die Zeilen an und achte auf die Zeichensetzung.

(1) Durch Verbote werden die Songs _____ (_____) .

(2) Es werden die Songs „Hiroshima", „Je t'aime" und schließlich „Moscow, Moscow ",

der _____ (_____), genannt.

Lösungen Standard Deutsch 9 Arbeitsheft Plus

Ein Gedicht erschließen

SEITE 5

1 –

2 a)
In dem Gedicht „Gagarin" geht es um die Gedanken des Kosmonauten Juri Gagarin bei seinem ersten Weltraumflug.

2 b)
– Strophe 1: Ein Kosmonaut befindet sich im Weltall und betrachtet die Erde.
– Strophe 2: Er fühlt sich der Erde trotz der Entfernung sehr nah.
– Strophe 3: Er denkt über die Situation der Erde nach.
– Strophe 4: Auf seinem Rückflug kommt er zu einer wichtigen Erkenntnis.

3 –

4
(1) Vers 4–5, (2) Vers 5, (3) Vers 11, (4) Vers 12

5 a)
„schwarzen Weite" (Vers 3)
„Unendlichkeiten" (Vers 7)

5 b)
„unfassbare Kugel" (Vers 5)
„Heimat" (Vers 5)
„der Menschen Mutter" (Vers 10)
„Planet" (Vers 13)

5 c)
Für das Weltall werden die Bezeichnungen „schwarze Weite" (Vers 3) und „Unendlichkeiten" (Vers 7) verwendet. Dadurch wird ein Gefühl von Einsamkeit und Verlorenheit vermittelt. Der Leser versteht, wie klein und unbedeutend sich der Kosmonaut fühlt.

Die Erde wird als „unfassbare Kugel" (Vers 5), aber auch als „Heimat" (Vers 5) und „der Menschen Mutter" (Vers 10) bezeichnet. Diese Ausdrücke verdeutlichen das Erstaunen des Kosmonauten, aber auch die Liebe und Nähe, die er bei dem Gedanken an die Erde verspürt.

6 a)
„Die Erde ist nur eins." (Vers 14)
„Die darauf sind, müssen miteinander leben,
Oder von ihr wird es heißen: Leben keins." (Vers 15 und 16)

6 b)
Die Menschen sind von der Erde abhängig. Nur wenn alle Lebewesen friedlich miteinander leben, bleibt die Erde erhalten.

Die äußere Form beschreiben

SEITE 6

1 a)
Das Gedicht besteht aus 4 Strophen mit jeweils 4 Versen.

1 b)
Die Form des Gedichts ist regelmäßig und geschlossen.

2 a)
Der zweite und vierte Vers reimen sich jeweils.

2 b)
Durch die Reimform wirkt der Text harmonisch.

3 a)
Die ersten drei Strophen umfassen jeweils nur einen zusammengesetzten Satz. Die letzte Strophe besteht aus kürzeren Sätzen.

3 b) *So könnte dein Satz lauten:*
Die langen Sätze verdeutlichen das Schweben des Kosmonauten im Weltall, er macht sich in aller Ruhe seine Gedanken, nichts stört ihn dabei.

3 c)
Die beiden Sätze der letzten Strophe werden jeweils durch einen Doppelpunkt weiter zerlegt.
Die Doppelpunkte wecken die Aufmerksamkeit des Lesers. Die Strophe wirkt wie ein Telegramm, in dem das Wichtige ganz kurz gefasst wird. Die Aussage wird verstärkt und betont, der Leser soll sie als besonders wichtig erkennen.

Die sprachliche Gestaltung untersuchen

SEITE 7

1 a)
(1) sehr groß, nicht (mit den Händen) zu erreichen
(2) nicht verständlich, schwer vorstellbar

1 b)
(1) äußere Situation: Er sitzt allein in einem engen Raum.
(2) innere Situation: Er ist sprachlos und erstarrt vor Erstaunen und Bewunderung.

SEITE 8

2 a) und **b)**
(1) Vers 3–4 → Anapher
(2) Vers 10 → Alliteration, Personifikation
(3) Vers 16 → Ellipse

2 c) *So könnten deine Sätze lauten:*
(1) Die Anapher verstärkt den Eindruck vom Gegensatz zwischen der Starre des Weltalls und der Bewegung der Erde.

(2) Die Personifikation „der Menschen Mutter" (Vers 10) bringt die Gefühle von Nähe, Geborgenheit und Wärme zum Ausdruck, die Gagarin beim Anblick der Erde empfindet.
Die Alliteration verstärkt den Eindruck von Harmonie.

(3) Die Form der Ellipse unterstreicht die Endgültigkeit und Entschiedenheit der Aussage. Sie wirkt damit sehr eindringlich.

Zu einem Gedicht schreiben

SEITE 9

1 a) *So könnte dein Einleitungssatz lauten:*
In dem Gedicht „Gagarin" von Günter Kunert geht es um mögliche Gedanken des Kosmonauten Juri Gagarin bei seinem ersten Weltraumflug.

1 b) *So könnte dein Schlussteil lauten:*
Das Gedicht verdeutlicht die Abhängigkeit der Menschen von der Erde. Nur wenn alle Lebewesen friedlich miteinander leben, bleibt die Erde erhalten. Mit dieser Aussage ist das Gedicht auch heute noch aktuell. Umweltkatastrophen, Klimawandel und daraus folgende Naturkatastrophen sind nur wenige Beispiele, die zeigen, dass Kunerts Aussage berechtigt ist.

1 c) *So könnte deine Gedichtinterpretation lauten:*

Interpretation des Gedichts „Gagarin" von Günter Kunert
In dem Gedicht „Gagarin" von Günter Kunert geht es um mögliche Gedanken des Kosmonauten Juri Gagarin bei seinem ersten Weltraumflug.
In der ersten Strophe wird beschrieben, wie der Kosmonaut vom Weltraum aus die Erde betrachtet. Die zweite Strophe macht deutlich, wie er sich der Erde trotz der großen Entfernung sehr nah fühlt. In der dritten Strophe denkt Gagarin über die Situation der Erde nach. In der letzten Strophe wird dargestellt, zu welcher Erkenntnis Gagarin auf seinem Rückflug zur Erde kommt: Die Menschen müssen in Harmonie leben, um zu überleben.
Das Gedicht besteht aus vier Strophen mit jeweils vier Versen. Die Form des Gedichts ist regelmäßig und geschlossen. Der zweite und vierte Vers reimen sich jeweils. Durch diese Reimform wirkt der Text harmonisch.
Die ersten drei Strophen umfassen jeweils nur einen Satz. Die langen Sätze verdeutlichen das Schweben des Kosmonauten im Weltall, er macht sich in aller Ruhe seine Gedanken, nichts stört ihn dabei. Für das Weltall werden die Bezeichnungen „schwarze Weite" (Vers 3) und „Unendlichkeiten" (Vers 7) verwendet. Dadurch wird ein Gefühl von Einsamkeit und Verlorenheit vermittelt. Die Zeit scheint stillzustehen. Der Leser versteht, wie klein und unbedeutend sich der Kosmonaut fühlt.
Die Erde wird dagegen als „unfassbare Kugel" (Vers 5), aber auch als „Heimat" (Vers 5) und „der Menschen Mutter" (Vers 10) bezeichnet. Die Metapher „unfassbare Kugel" bringt das große Erstaunen und die Ehrfurcht des Kosmonauten zum Ausdruck. Allein und eingeschlossen in dem engen Raumschiff sitzt er „stumm und reglos" (Vers 8), er ist sprachlos und erstarrt vor Erstaunen und Bewunderung. Die Anapher in den Versen 3 und 4 „Und er hänge fest [...] / Und die Erde drehe sich [...]" verstärkt den Eindruck vom Gegensatz zwischen der Starre des Weltalls und der Bewegung der Erde. Die Personifikation „der Menschen Mutter" (Vers 10) bringt dagegen die Gefühle von Nähe, Geborgenheit und Wärme zum Ausdruck, die Gagarin beim Anblick der Erde empfindet. Die Alliteration in diesem Ausdruck verstärkt den Eindruck von Harmonie.

Die letzte Strophe unterscheidet sich formell von den vorhergehenden. Sie besteht aus mehreren Sätzen. Diese werden durch Doppelpunkte weiter zerlegt. Durch die Doppelpunkte wird die Aufmerksamkeit des Lesers geweckt. Die Strophe wirkt wie ein Telegramm, in dem das Wichtige kurz gefasst wird. Die Aussage wird verstärkt und betont, der Leser soll sie als besonders wichtig erkennen. Darüber hinaus wird die regelmäßige Form des Gedichts im letzten Vers durch eine Ellipse durchbrochen: „Leben keins." (Vers 16). Diese wirkt wie eine Drohung und unterstreicht die Endgültigkeit und Entschiedenheit der Aussage.
Das Gedicht verdeutlicht die Abhängigkeit der Menschen von der Erde, wir sind auf sie angewiesen. Nur wenn alle Lebewesen friedlich miteinander leben, bleibt die Erde erhalten. Umweltkatastrophen, Klimawandel und daraus folgende Naturkatastrophen sind nur wenige Beispiele, die zeigen, dass Kunerts Aussage, dass wir die Erde und damit uns gefährden, auch heute noch aktuell ist. Wir müssen über Lösungsmöglichkeiten nachdenken.

2 *So könnte die Rede lauten:*
Liebe Mitbürgerinnen und Mitbürger,
ich bin sehr stolz, dass ich die Aufgabe übernehmen durfte, als erster Mensch in das Weltall zu fliegen. Natürlich ist dieser Flug erst der Anfang, aber er hat bei mir persönlich bereits wichtige Veränderungen hervorgerufen.
Ich habe mich schon als junger Mann für Technik begeistert, insbesondere für schnelle Autos, Flugzeuge und Raketen. Meine Reise hat mir nun gezeigt, dass der Planet, auf dem wir leben, nur einer von vielen ist. Aber es ist der einzige, auf dem wir leben können! Dieser Planet bietet uns vieles, was wir nutzen, ohne nachzudenken:
Wasser, Luft, Erde.
Wir brauchen täglich Trinkwasser und verschwenden zusätzlich Wasser zum Waschen, Putzen, in der Industrie, zur Müllentsorgung usw. Wir müssen bewusster mit dem Wasser umgehen, denn schon heute leiden Millionen von Menschen an Wassermangel.
Die Luft wird immer mehr verschmutzt. Es muss erforscht werden, wie man Dinge produzieren kann, ohne Abgase und Schadstoffe in die Luft abzugeben. Das gilt insbesondere für die Maschinen, die ich so liebe: schnelle Autos und Flugzeuge.
Die Erde ernährt uns. Wenn wir aber alles zubauen mit Häusern, Büros, Straßen, Supermärkten und Parkplätzen, wie soll sie uns dann noch ernähren?
Wir wollen konsumieren und vieles haben, aber sollten wir nicht auch daran denken, dass es für alle reichen soll, also auch für die, die nach uns kommen, und für die, die in anderen Teilen der Erde leben? Wir müssen uns zusammenschließen und gemeinsam unsere Zukunft sichern!

Eine Erzählung erschließen

SEITE 11

1 –

2
– der Weiher (Zeile 2): kleiner Teich oder Tümpel
– die Bürzeldrüse (Zeile 5): Hautdrüse bei Vögeln, die Fett für das Gefieder bildet
– doziert (Zeile 8): einen wissenschaftlichen Vortrag halten, etwas erklären, lehren

3 a) und **c)**

1. Abschnitt Z.1–16	Der Erzähler besucht mit den Eltern einen Weiher. Der Vater gibt dem Kind eine ausführliche biologische Erklärung dafür, warum Schwäne nicht frieren. Über die Füße weiß er jedoch nicht Bescheid.
2. Abschnitt Z.17–32	Die Freundin gibt auf dieselbe Frage eine sehr fantasievolle Antwort. Aber der Erzähler glaubt ihr nicht.
3. Abschnitt Z.33–40	Jahre später findet der Erzähler die Antwort auf seine Frage allein.

4 a) *Diese Antworten solltest du rot unterstrichen haben:*
– 1. Abschnitt: „spricht von Gefieder und dem Wachs aus der Bürzeldrüse, zeigt mir, als der Schwan den versinkenden Brotbrocken nachschnäbelt, dass der Hals auch unter Wasser nicht nass wird, erklärt die Isolationswirkung des Geflügelfetts und doziert über die unterschiedliche Wärmeleitung von Luft, Wasser, Fett und Muskeln" (Zeile 5–9)
– 2. Abschnitt: „Weil sie zu schön sind. [...] Etwas so Schönes kann nicht frieren. Es kann nicht entstehen und nicht vergehen, kann nicht verbrennen und nicht erfrieren, es ist da und es bleibt" (Zeile 22–24)
– 3. Abschnitt: „Natürlich frieren die Schwäne, sie frieren – wie wir alle. Nur sind sie viel zu stolz, um es zuzugeben." (Zeile 39–40)

4 b) *Das könntest du schreiben:*
Mir gefällt die letzte Antwort am besten. Sie ist schlicht, aber sie zeigt den Respekt des Erzählers vor den stolzen Schwänen.

Erzählsituation und Figuren untersuchen

SEITE 12

1
Der Autor wählt die Ich-Erzählsituation.

2 a) –

2 b) und **c)**

Eigenschaften des Vaters	Textbelege
gebildet, kann gut erklären, ehrlich	„Papa weiß alles" (Zeile 5), „doziert" (Zeile 8), „Es war das erste Ich-weiß-nicht, das ich je von ihm gehört hatte" (Zeile 14–15)

3 a) –

3 b)

Vermutung zur Figur	Textbelege
ehemalige Freundin des Erzählers	„Du versteckst dich vor dem schneidenden Wind unter meiner Jacke, drückst dein Gesicht an meinen Kragen. Verliebt, verkühlt und unzertrennlich." (Zeile 18–19) „Wie ich dir so vieles damals nicht glaubte – zu Recht." (Zeile 31–32)

4 *So könnte deine Figurenskizze aussehen:*

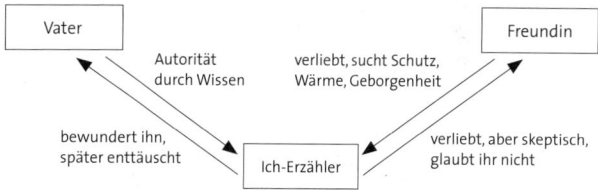

Sprachliche Besonderheiten untersuchen

SEITE 13

1 a)
Alliteration, Ellipse

1 b)
Verliebt, verlobt, verheiratet.

2 a)
Der Erzähler erkennt später, dass seine Zweifel berechtigt waren.

2 b)
Die Beziehung hat nicht gehalten. Es war keine vertrauensvolle Beziehung.

3

- „heute" (Zeile 33): Tag, an dem Erzähler als Erwachsener allein am Weiher ist
- „damals" (Zeile 34): Tag, an dem er mit Freundin am Weiher war
- „einst" (Zeile 34): Tag, an dem er als Kind mit Eltern am Weiher war

4 a) und **b)**

	Niemand nahm mich an die Hand. (Zeile 34)	Niemand verkroch sich in meiner Jacke. (Zeile 34–35)
Bedeutung:	Bedürfnis nach Anleitung, Orientierung und Schutz	Bedürfnis, jemandem Schutz und Geborgenheit zu geben
Figur:	der Vater	die Freundin

5 a)

„Ganz allein, ganz für mich, stellte ich mir wieder die Frage [...] Und ganz für mich fand ich endlich die Antwort." (Zeile 36–38)

5 b)

Durch die Wiederholung wird betont, dass der Erzähler allein die Antwort findet. Nur er selbst kann die Frage für sich beantworten, niemand sonst kann ihm diese Antwort geben.

Aussagen am Text belegen

SEITE 14

1 a)

Als Kind im Alter von vier oder fünf Jahren bewundert der Ich-Erzähler seinen Vater, denn Papa weiß alles. Auch die Frage, die das Kind an dem beschriebenen eisigen, windigen Tag stellt, wird vom Vater ausführlich und kenntnisreich beantwortet. Er gibt naturwissenschaftliche Erklärungen, er doziert. Das Kind gibt sich jedoch mit der Antwort nicht zufrieden und fragt weiter, ob ein Schwan denn nicht an den Füßen friert. Der Vater hat dafür keine Erklärung und gibt zu, dass er es nicht weiß. Das Kind erinnert sich an diese Antwort als das erste Ich-weiß-nicht, das ich je von ihm gehört hatte. Es erkennt, dass auch der Vater nicht alles in der Welt und im Leben erklären oder verstehen kann.

1 b)

Als Kind im Alter von vier oder fünf Jahren bewundert der Ich-Erzähler seinen Vater, denn „Papa weiß alles" (Z.5). Auch die Frage, die das Kind an dem beschriebenen „eisigen, windigen Tag" (Z.1–2) stellt, wird vom Vater ausführlich und kenntnisreich beantwortet. Er gibt naturwissenschaftliche Erklärungen, er „doziert" (Z.8). Das Kind gibt sich jedoch mit der Antwort nicht zufrieden und fragt weiter, ob ein Schwan denn nicht an den Füßen friert. Der Vater hat dafür keine Erklärung und gibt zu, dass er es nicht weiß. Das Kind erinnert sich an diese Antwort als „das erste Ich-weiß-nicht, das ich je von ihm gehört hatte" (Z.14–15). Es erkennt, dass auch der Vater nicht alles in der Welt und im Leben erklären oder verstehen kann.

2 *So könnte dein Text lauten:*

Die Freundin des Ich-Erzählers ist „verliebt" (Z.19). An dem Satz „Du versteckst dich vor dem schneidenden Wind unter meiner Jacke, drückst dein Gesicht an meinen Kragen." (Z.18–19) erkennt man, dass sie bei ihrem Freund Schutz, Wärme und Geborgenheit sucht.
Auch der Erzähler ist verliebt, aber er misstraut ihr.
Das zeigt die Aussage „aber ich glaubte dir nicht" (Z.31).
Der Hinweis „zu Recht" am Ende des Abschnitts (Z.32) macht deutlich, dass seine Zweifel berechtigt waren.

Zu einer Erzählung schreiben

SEITE 15

1 a) *So könnte dein Einleitungssatz lauten:*

In der Erzählung „Warum frieren die Schwäne nicht?" von Reinhold Ziegler geht es um die Beantwortung großer Lebensfragen.

1 b) *So könnte dein Schlussteil lauten:*

Ich verstehe den Schluss der Erzählung so, dass man selbst die Antworten auf die großen Fragen des Lebens finden muss. Keiner kann sie einem geben, weder Eltern noch Freunde oder Partner. Ich denke aber, dass Gespräche auch sehr wichtig sind, um eigene Antworten zu finden. Dieser Aspekt kommt in der Geschichte meiner Meinung nach etwas zu kurz.

1 c) *So könnte deine Textinterpretation lauten:*

Interpretation der Erzählung „Warum frieren die Schwäne nicht?" von Reinhold Ziegler

In der Erzählung „Warum frieren die Schwäne nicht?" von Reinhold Ziegler geht es um die Beantwortung großer Lebensfragen.
Der Text ist in drei Abschnitte gegliedert. Diese spielen zu drei unterschiedlichen Zeiten. Im 1. Abschnitt (Z.1–16) besucht der Erzähler als Kind mit seinen Eltern an einem kalten Tag einen Weiher. Er fragt seinen Vater, warum die Schwäne nicht frieren. Der Vater gibt eine ausführliche biologische Erklärung dafür. Über die Füße weiß er jedoch nicht Bescheid.
Im 2. Abschnitt (Z.17–32) stellt der Erzähler Jahre später seiner Freundin dieselbe Frage. Sie gibt darauf eine sehr fantasievolle Antwort, aber er glaubt ihr nicht.
Schließlich besucht der Erzähler im 3. Abschnitt (Z.33–40) noch einmal allein den Weiher und findet die Antwort selbst: Die Schwäne würden frieren, aber sie seien viel zu stolz, um es zuzugeben.
Der Autor wählt für die Erzählung die Ich-Erzählsituation. Er schreibt aus der Perspektive des Erzählers. Neben dem Erzähler treten zwei weitere Figuren auf: der Vater und die ehemalige Freundin.
Der Vater ist sehr gebildet. Das Kind schaut zu ihm auf und bewundert ihn: „Papa weiß alles" (Z.5). Er beantwortet dessen Frage ausführlich und kenntnisreich, er erklärt und „doziert" (Z.8). Als das Kind weiterfragt, ob ein Schwan denn nicht an den Füßen friert, gibt er zu, dass er es nicht weiß. Das Kind erinnert sich an diese Antwort als „das erste Ich-weiß-nicht, das ich je von ihm gehört hatte" (Z.14–15). Es ist enttäuscht und erkennt, dass auch der Vater nicht alles in der Welt und im Leben erklären oder verstehen kann.

Die Freundin des Ich-Erzählers ist in ihn „verliebt" (Z.19). An dem Satz „Du versteckst dich vor dem schneidenden Wind unter meiner Jacke, drückst dein Gesicht an meinen Kragen." (Z.18–19) erkennt man, dass sie bei ihrem Freund Schutz, Wärme und Geborgenheit sucht. Auch der Erzähler ist verliebt. Die oberflächliche Harmonie wird durch die Alliteration und Ellipse „Verliebt, verkühlt und unzertrennlich." (Z.19) zum Ausdruck gebracht. Sie erinnert an den Spruch „Verliebt, verlobt, verheiratet". Aber der Erzähler misstraut seiner Freundin. Das zeigt die Aussage „aber ich glaubte dir nicht" (Z.31). Der Hinweis „zu Recht" am Ende des Abschnitts (Z.32) macht deutlich, dass seine Zweifel berechtigt waren. Die Beziehung hat nicht gehalten, es war keine vertrauensvolle Beziehung.

Im letzten Absatz heißt es: „Ganz allein, ganz für mich, stellte ich mir wieder die Frage […] Und ganz für mich fand ich endlich die Antwort." (Z.36–38). Durch die Wiederholung wird betont, dass nur er selbst die Frage für sich beantworten kann.

Ich verstehe den Schluss der Erzählung so, dass man selbst die Antworten auf die großen Fragen des Lebens finden muss. Keiner kann sie einem geben, weder Eltern noch Freunde oder Partner. Ich denke aber, dass Gespräche auch sehr wichtig sind, um eigene Antworten zu finden. Dieser Aspekt kommt in der Geschichte meiner Meinung nach etwas zu kurz. Ganz allein kommt man selten zu guten Antworten, man muss sich mit anderen auseinandersetzen.

2 (A) *So könnte der Brief lauten:*

Lieber Freund,

der Spaziergang zum Weiher heute war sehr schön. Zuerst dachte ich ja, du bist verrückt, bei dem Wetter raus zu wollen! Ich wäre lieber zu Hause geblieben. Wir hätten es uns gemütlich gemacht. Aber am Weiher in dieser Kälte habe ich mich gern an dich gekuschelt, und wir hatten viel Spaß mit deinen verrückten Fragen.

Manchmal bist du ein richtiger Wissenschaftler und vermutest hinter allem ein großes Problem. Ich habe mich gefreut, dass ich dich zum Lachen bringen konnte. Es ist doch ganz einfach, sich zurechtzufinden, solange man Gut von Böse, Schön von Hässlich und Liebe von Hass unterscheiden kann. Kann es sein, dass du dir das Leben manchmal zu schwer machst, weil du alles so genau wissen willst? Gemeinsam lachen können ist viel wichtiger! Ich finde, du nimmst das Leben viel zu ernst, und du vergisst das Lachen.

2 (B) *So könnte der Tagebucheintrag lauten:*

20. November 20..

Warum frieren die Schwäne nicht? Wie lange ist mir diese Frage durch den Kopf gegangen? Nun habe ich wohl die Antwort gefunden. Was hat mir die Frage gebracht? Ich musste früh einsehen, dass kein Mensch allwissend ist. Ich musste erfahren, dass Menschen, die meine Frage nicht ernst nehmen und kein Interesse zeigen, sich eigentlich auch nicht für mich interessieren, so wie es damals vielleicht bei Paula der Fall war.

Die Schwäne frieren! Man darf sich nicht täuschen lassen durch das, was man sieht. Auch bei den Menschen muss man wohl hinter die Fassade blicken, wenn man sie verstehen will. Sollte ich Sarah endlich ansprechen? Ich hänge immer noch zu sehr an den Fragen, man muss auch Antworten finden …

Eine Erzählung erschließen

SEITE 16

1 a) und **b)** –

2

Das Thema der Erzählung ist der Umgang mit alten Menschen. Eltern lernen durch ihren eigenen Sohn, dass sie sich dem Großvater gegenüber falsch verhalten.

SEITE 17

3 a)

– betrübt (Zeile 8): traurig
– schalt (Zeile 10): schimpfte
– der Heller (Zeile 11): die Münze, das Geldstück

3 b)

Sie geben dem Großvater nicht genug Essen, um satt zu werden.

4 a), b) und **c)**

1. Abschnitt Z.1–4	Überschrift: Beschreibung des Großvaters
	– alter, gebrechlicher Mann – kann kaum noch allein essen
2. Abschnitt Z.5–12	Überschrift: Das Familienleben
	– Sohn und Frau ekeln sich vor dem Großvater – muss hinter den Ofen, wird ausgegrenzt – erhält zu wenig Essen, wird schlecht behandelt
3. Abschnitt Z.13–19	Überschrift: Die Reaktion des Enkels
	– Enkel baut Tröglein – Eltern erkennen eigenes Verhalten – sehen ihre Schuld ein

5

Der Sohn ahmt die Eltern nach. Dadurch sehen sie ihr eigenes Verhalten mit neuen Augen. Ihnen wird bewusst, dass sie später von ihrem Sohn auch nicht so behandelt werden möchten, wie sie jetzt den Großvater behandeln.

Eine literarische Figur untersuchen

SEITE 18

1 a)
Es war einmal ein <u>steinalter Mann</u>, dem waren die <u>Augen trüb</u> geworden, die <u>Ohren taub</u>, und die <u>Knie zitterten</u> ihm. Wenn er nun bei Tische saß und den <u>Löffel kaum halten</u> konnte, <u>schüttete er Suppe auf das Tischtuch</u>, und es <u>floss</u> ihm auch etwas wieder <u>aus dem Mund</u>.

1 b)

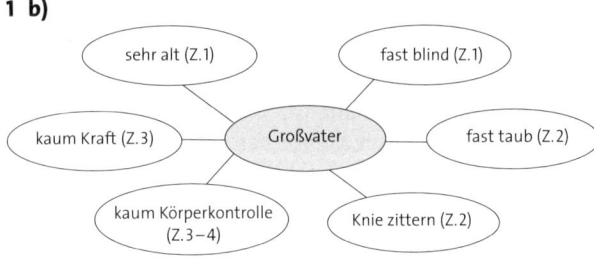

sehr alt (Z.1)   fast blind (Z.1)   kaum Kraft (Z.3)   **Großvater**   fast taub (Z.2)   kaum Körperkontrolle (Z.3–4)   Knie zittern (Z.2)

1 c)
schwach, gebrechlich, duldsam, gehorsam, geduldig

2 a) –

2 b)

Äußere Handlung	Innere Handlung
– muss sich hinter Ofen in die Ecke setzen	– ist traurig, weil er nicht am Tisch sitzen darf und von der Familie schlecht behandelt wird – wünscht sich mehr Essen
– sieht zum Tisch, weint	– ist enttäuscht von der Familie – schämt sich vielleicht auch
– zerbricht Schüsselchen – seufzt, als Schwiegertochter schimpft	– merkt, dass er der Familie lästig ist – bedauert, dass die Schüssel zerbrach – erträgt geduldig ungerechte Behandlung
– wird zurück zum Tisch geholt	– freut sich, ist erleichtert

3
Man soll alte Menschen respektvoll und freundlich behandeln, auch wenn sie Hilfe brauchen.
Wenn man selbst alt ist, will man auch gut behandelt werden.

Zu einer Erzählung schreiben

SEITE 19

1 a)
(1) – (C)
(2) – (A)
(3) – (B)

1 b)
(1) Der Satz „er sagte aber nichts und seufzte nur" (Z.10) lässt vermuten, dass der Großvater unter dem Verhalten der Familie leidet.
(2) Der Großvater ist seinen Kindern nichts mehr wert, sie vernachlässigen ihn. Dies erkennt man daran, dass sie ihm nur „ein hölzernes Schüsselchen für ein paar Heller" (Z.11) kaufen.
(3) Die Aussage „noch dazu nicht einmal satt" (Z.7) macht deutlich, dass die Familie den Großvater hungern lässt.

1 c) *So könnte die Beschreibung lauten:*
Der Großvater ist „steinalt" (Z.1), er sieht und hört schlecht und leidet an typischen Alterserscheinungen. Auch seine Bewegungsfreiheit ist eingeschränkt, denn „die Knie zitterten" (Z.2). Er kann kaum noch allein essen, erhält aber von seiner Familie wenig Unterstützung. Seinen Kindern ist er nichts mehr wert, sie vernachlässigen ihn. Dies erkennt man daran, dass sie ihm nur „ein hölzernes Schüsselchen für ein paar Heller" (Z.11) kaufen. Die Aussage „noch dazu nicht einmal satt" (Z.7) macht außerdem deutlich, dass die Familie den Großvater hungern lässt.
Der Großvater bemerkt, dass er der Familie lästig ist und erträgt geduldig die ungerechte Behandlung. Der Satz „er sagte aber nichts und seufzte nur" (Z.10) lässt jedoch vermuten, dass er unter dem Verhalten seiner Familie leidet. Er sieht „betrübt nach dem Tisch, und die Augen wurden ihm nass" (Z.8). Vermutlich ist er enttäuscht von der Familie, vielleicht schämt er sich auch dafür, dass er ihnen zur Last fällt.

2 *So könnte deine Stellungnahme lauten:*
In der Erzählung „Der alte Großvater und der Enkel" wird gezeigt, dass alte Menschen ein Recht auf respektvolle Behandlung haben.
Eine Familie grenzt den Großvater, der bei ihnen lebt, aus und vernachlässigt ihn. Er erhält kaum Hilfe. Erst durch das Verhalten ihres eigenen Sohnes kommen der Mann und die Frau zu der Einsicht, dass sie selbst später auch nicht so behandelt werden möchten. Sie ändern sich und akzeptieren den Großvater mit seinen Problemen.
Meiner Meinung nach ist die Frage nach dem richtigen Umgang mit alten Menschen sehr aktuell, da der Anteil der älteren Bürgerinnen und Bürger in der deutschen Bevölkerung steigt. Aber die Situation, die in der Erzählung dargestellt wird, ist so heute nur noch selten zu finden.
Zum Glück können körperliche Einschränkungen alter Menschen heute durch Erfindungen ausgeglichen werden. Es gibt Brillen und Hörgeräte. Wer unsicher geht, benutzt einen Gehwagen. So können viele Menschen auch im hohen Alter selbstständig bleiben. Sie sind weniger auf die Hilfe ihrer Kinder angewiesen.
Ein weiterer Punkt ist, dass nur wenige alte Menschen bei ihrer Familie leben. Meist ziehen die Kinder weg in eine andere Stadt oder in ein anderes Land. Alte Menschen versorgen sich selbst. Es gibt viele Einrichtungen und Organisationen, die ihnen dabei helfen. Und wer nicht mehr allein leben kann, geht meistens in ein Pflegeheim. Dort versorgen Fachkräfte die alten Menschen. Diese Personen haben gelernt, was wichtig ist bei der Pflege. Die Familienangehörigen kommen nur am Wochenende zu Besuch. Dabei gibt es selten Konflikte.
Trotz dieser Veränderungen in unserer Gesellschaft sind alte Menschen jedoch nach wie vor auf Hilfe angewiesen.

Meiner Ansicht nach ist es wichtig, dass man ihnen Respekt entgegenbringt. Daran hat sich seit der Zeit der Brüder Grimm nichts geändert.

Fit für Prüfungen!
Ein Gedicht analysieren

SEITE 20

Aufgabe A: *So könnte deine Gedichtanalyse lauten:*

Gedichtanalyse: „U-Bahnhof Miquel-Adickes-Allee 15 Uhr 30" von Robert Gernhardt

In seinem Gedicht „U-Bahnhof Miquel-Adickes-Allee 15 Uhr 30" beschreibt Robert Gernhardt eine bedrohliche Alltagsszene in einer U-Bahn-Unterführung. Dabei erinnert der Titel durch die genaue Orts- und Zeitangabe an einen Polizeibericht.

Es wird dargestellt, wie ein Mann in einem U-Bahnhof eine Bierflasche zerschmettert. Eine weitere männliche Figur bleibt stehen, beobachtet ihn und macht sich Gedanken zu der Situation. Die Figur fühlt sich bedroht und ist am Ende erleichtert, dass ihr nichts passiert ist.

Das Gedicht besteht aus zwei Strophen mit jeweils neun Versen. Die Verse reimen sich nicht. In den ersten vier Versen wird das Wegwerfen der Bierflasche beschrieben. Die Situation wirkt unangenehm und bedrohlich. Diese Wirkung wird durch die Alliteration „spritzende Scherben" (Vers 3) und die Personifikation „kreischende Fliesen" (Vers 4) verstärkt.

Die Person, die die Flasche geworfen hat, „entfernt" sich „in die U-Bahn-Unterführung" (Vers 5–6). Der Beobachter bleibt stehen und schaut ihr nach. Der Gegensatz zwischen diesen zwei Figuren wird durch die Anapher „Einer, der sich entfernt [...] / Einer, der, [...]" (Vers 5–8) verdeutlicht. Der Leser erfährt die Gedanken des Beobachters in der Situation. Dieser fragt sich: „Was muss der für eine Wut im Bauch haben!" (Vers 9). Er ist erstaunt und hat Angst. Schließlich macht er sich Gedanken darüber, warum der andere sich so verhält.

Der Mann, der sich entfernt, wird in der zweiten Strophe beschrieben. Dabei werden Ellipsen verwendet: „Der kahle / Hinterkopf. Das breite / Kreuz. Die geballten / Fäuste" (Vers 10–13). Das Aussehen des Mannes erklärt, warum der Beobachter eingeschüchtert wirkt. Die Beschreibung passt zu einem gewaltbereiten Mann. Der Beobachter „dankt der Bierflasche" (Vers 17), denn er ist froh, dass der andere seine Aggression an der Flasche ausgelassen hat. „Was, wenn der stattdessen seine Wut an mir ausgelassen hätte!" (Vers 18), so lautet der letzte Vers des Gedichts.

Dem Beobachter ist bewusst, dass er hier leicht ein Opfer hätte werden können. Er weiß nicht, warum der andere so aggressiv ist.

Die Personen haben keine Namen und treten auch nicht in Kontakt, damit wird die Anonymität in der Großstadt widergespiegelt. U-Bahnhöfe und Unterführungen sind zwar öffentliche Räume, aber die Menschen verweilen nicht an solchen Orten, denn diese sind häufig ungepflegt, dunkel und haben für viele Menschen etwas Bedrohliches. Die Menschen laufen hier einfach aneinander vorbei. Die zahlreichen Ellipsen im Gedicht wirken sehr nüchtern. Durch Enjambements wie „Der bittere / Geruch von Bier." (Vers 1–2) entsteht der Eindruck von Atemlosigkeit. Gleichzeitig wird eine Spannung aufgebaut.

Das Gedicht zeigt, wie unbeherrscht manche ihre Gefühle ausleben. In dem Gedicht macht sich der Beobachter Gedanken darüber, warum der andere sich so verhält. Ich denke im Alltag passiert es häufig, dass man schnell ein Urteil über jemanden fällt und sich keine Gedanken über Gründe für das Verhalten macht. Das finde ich gefährlich.

Aufgabe B

(1) *So könnte deine Personenbeschreibung lauten:*
Der Mann ist circa 1,80m groß und zwischen 20 und 30 Jahre alt. Er ist stabil gebaut, der Oberkörper wirkt trainiert. Da die Haare abrasiert sind, könnte er zur Skinhead-Szene gehören. Er trägt eine ausgebleichte Jeans, ein schwarzes T-Shirt und knöchelhohe schwarze Stiefel.
Der Mann scheint aggressiv zu sein und kaum Hemmungen zu haben. Er wirft eine Bierflasche an die Wand. Die geballten Fäuste und sein schneller Schritt lassen darauf schließen, dass er angespannt und wütend ist.

(2) *So könnte deine E-Mail lauten:*
Hi Tina,
bin schon eine Weile zu Hause, aber mir geht immer noch diese Situation im U-Bahnhof durch den Kopf. Ich musste an der Miquel-Adickes-Allee umsteigen. Ich mag diese Gegend und die hässliche Unterführung ohnehin nicht besonders, aber heute war es sehr bedrohlich.
Vor mir lief ein Mann, einer von den Typen, die nachmittags schon die Bierflasche in der Hand halten. Er trug Glatze und Springerstiefel. Plötzlich hörte ich den lauten Knall: Er hat seine halbvolle Bierflasche an die Wand geworfen, die Scherben spritzten in alle Richtungen. Ich blieb vor lauter Schreck stehen, und ich wollte natürlich auch Abstand halten. Um ehrlich zu sein, ich hatte Angst! Zum Glück stürmte er davon. Ich war erleichtert, aber fragte mich auch, warum er so wütend war und was passiert wäre, wenn er seine Wut an mir ausgelassen hätte ...? Das Bild von ihm geht mir nicht aus dem Kopf. Was hatte ihn so wütend gemacht? Was hatte er an dem Nachmittag noch vor? Immer wieder begegne ich solchen aggressiven Typen, und sie machen mir immer mehr Angst. Dabei sind das doch Menschen, die vielleicht wütend, enttäuscht oder ärgerlich sind, aber die auch Träume, Wünsche und Ängste haben, vielleicht sogar die gleichen wie ich. Vielleicht müsste man sie einfach einmal daraufhin ansprechen und nett zu ihnen sein.
Was meinst du? ...
Gruß ...

SEITE 21

1 a)
Aufgabe A:
<u>Analysiere</u> das Gedicht „U-Bahnhof Miquel-Adickes-Allee 15 Uhr 30" von Robert Gernhardt. <u>Beschreibe</u> den Aufbau und <u>untersuche</u> die sprachlichen Mittel in ihrer Wirkung. <u>Schreibe</u> einen Text, in dem du deine <u>Ergebnisse darlegst</u> und zu dem Thema des Gedichts <u>Stellung nimmst</u>.

Aufgabe B: Wahlaufgabe
(1) <u>Verfasse</u> eine Beschreibung der Person, die in der U-Bahn-Unterführung verschwindet. <u>Verwende</u> dazu die Informationen aus dem Text und <u>ergänze</u> sie mit eigenen Ideen.

(2) <u>Schreibe</u> die E-Mail, die die beobachtende Figur am Abend dieses Tages ihrer Freundin schickt.
Die Figur beschreibt darin ihre Gedanken nach diesem Erlebnis und die Gefühle, die es in ihr wachgerufen hat.

1 b)
Ich soll zwei Texte schreiben.

Ich muss ...
☒ einen Einleitungssatz zum Gedicht formulieren.
☒ das Thema des Gedichts in einem Satz zusammenfassen.
☐ das Gedicht ausführlich nacherzählen.
☒ den Inhalt des Gedichts in knapper Form wiedergeben.
☒ Anzahl und Aufbau der Strophen sowie das Reimschema
   beschreiben.
☐ alle Reimwörter aufschreiben.
☒ die Sprache beschreiben (Wortwahl, Wiederholungen,
   Satzlänge, Stilmittel).
☒ erklären, wie die Form und die sprachlichen Mittel auf
   den Leser wirken.
☒ meine Gedanken zum Thema des Gedichts formulieren.
☐ das Gedicht um eine Strophe ergänzen.
☐ für Aufgabe B1 die Figur des lyrischen Ich beschreiben.
☐ für Aufgabe B2 die E-Mail aus der Sicht eines Mädchens
   schreiben.

2 *Das könntest du schreiben:*
Der Titel erinnert an einen Polizeibericht, eine Schadens-
meldung bei der Versicherung oder an ein Unfallprotokoll.
Man erwartet bei diesem Titel einen sachlichen Bericht,
kein Gedicht.

3
In dem Gedicht wird beschrieben, wie eine Figur das aggressive Verhalten eines Mannes in einem U-Bahnhof beobachtet.

4 a)
– Hinweise zum Ort:
U-Bahnhof Miquel-Adickes-Allee (Titel)
in die U-Bahn-Unterführung (Vers 6)
in der leeren Unterführung (Vers 15)

– Hinweise zur Zeit:
15 Uhr 30 (Titel)

– Hinweise zu den Figuren:
Figur 1:
Einer, der sich entfernt (Vers 5)
Der kahle
Hinterkopf. Das breite
Kreuz. Die geballten
Fäuste an den Jeansnähten.
Einer, dessen Schritt hallt
in der leeren Unterführung. (Vers 10–15)

Figur 2:
Einer, der, stehen geblieben,
ihm ungläubig nachschaut:
„Was muss der für eine Wut im Bauch haben!" (Vers 7–9)
Die Furcht. (Vers 10)
Einer, der im Stillen
der Bierflasche dankt:
„Was, wenn der stattdessen seine Wut an mir ausgelassen
hätte!" (Vers 16–18)

4 b)
Eine männliche Figur zerschmettert in einem U-Bahnhof eine Bierflasche.
Eine zweite Figur bleibt stehen und beobachtet das Verhalten des Mannes. Der Beobachter macht sich Gedanken zur Situation und ist erleichtert, dass der Mann ihn ignoriert hat.

SEITE 22

5 a)
Das Gedicht besteht aus zwei Strophen mit jeweils neun Versen.

5 b)
Das Gedicht enthält keine Reime.

5 c) *Einige dieser Auffälligkeiten könntest du notiert haben:*
– am Ende beider Strophen wörtliche Rede
– wörtliche Rede ist jeweils längster Vers der Strophe
– Aufbau beider Strophen ist parallel: kurze Ellipsen,
  anschließend zwei weitere, längere Ellipsen, dann
  Beschreibung jeweils einer Figur, zum Schluss Gedanken
  des Beobachtenden
– Verwendung von Wörtern, die Geräusche verdeutlichen:
  Knall (Vers 1), kreischend (Vers 4), hallt (Vers 14) ⟷
  im Stillen (Vers 16)

6 a)

Textzitat	Stilmittel	Wirkung
Der Knall. (Vers 1) Die Furcht. (Vers 10)	Ellipse	– kurze Form verstärkt den Eindruck
spritzende Scherben (Vers 3)	Alliteration	– Anfangslaut ahmt das entstehende Geräusch nach, klingt wie zerbrechendes Glas
kreischende Fliesen (Vers 4)	Personifikation	– vermittelt bedrohliche Stimmung
Einer, der sich entfernt [...] Einer, der, [...] (Vers 5–8)	Anapher	– Wiederholung verdeutlicht Gegenüberstellung der zwei Figuren
Der bittere / Geruch von Bier. (Vers 1–2)	Enjambement	– durch Zeilensprung entsteht Eindruck von Atemlosigkeit – dient dem Spannungsaufbau

6 b)
der Knall (Vers 1), spritzende Scherben (Vers 3), kreischend (Vers 4), Schritt hallt (Vers 14)

6 c) *So könnten deine Stichpunkte lauten:*
- Ellipsen: wirken nüchtern, sachlich
- Personifikation: wirkt beängstigend
- Gesamtstimmung: bedrohlich, aggressiv, beklemmend
- unangenehme Geräusche und Gerüche

SEITE 23

7 a) –

7 b) –

8 *Vergleiche Lösung zu Seite 20, Aufgabe A.*

9 a)
Der Knall. Der bittre
Geruch von <u>Bier</u>.
Die spritzenden Scherben
über kreischenden Fliesen.
<u>Einer, der sich entfernt</u>
<u>in die U-Bahn-Unterführung.</u>
Einer, der, stehen geblieben,
ihm ungläubig nachschaut:
„Was muss der für eine Wut im Bauch haben!"

Die Furcht. <u>Der kahle</u>
<u>Hinterkopf. Das breite</u>
<u>Kreuz. Die geballten</u>
<u>Fäuste an den Jeansnähten.</u>
<u>Einer, dessen Schritt hallt</u>
<u>in der leeren Unterführung.</u>
Einer, der im Stillen
der Bierflasche dankt:
„Was, wenn der stattdessen seine Wut an mir ausgelassen
hätte!"

9 b) *So könnte deine Figurenkarte aussehen:*

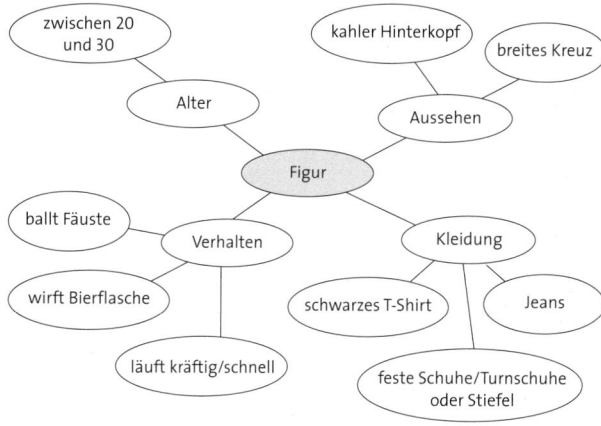

9 c) *Vergleiche Lösung zu Seite 20, Aufgabe B1.*

10 a) und **b)**
Folgende Reihenfolge und Antworten sind möglich:
4 ohne Perspektive und Ziele werden Menschen aggressiv
1 erleichtert, noch aufgeregt
5 will mit Menschen freundlich umgehen
3 ängstlich, bedroht
2 Zwischenfall in der U-Bahn-Unterführung,
bedrohliche Situation

10 c) *Vergleiche Lösung zu Seite 20, Aufgabe B2.*

Eine Pro-Kontra-Erörterung schreiben

SEITE 24

1 –

2 –

SEITE 25

3 a) und **b)**
(1) +
(2) –
(3) –
(4) +
(5) –
(6) –
(7) gestrichen
(8) +
(9) +
(10) gestrichen

4 a) *So könnte deine Stoffsammlung aussehen:*

Pro: Vorteile der Internet-nutzung	Kontra: Probleme der Internetnutzung
– gegenseitige Hilfe bei den Hausaufgaben	– Kopieren von Texten ohne Nachdenken
– Vielfalt und Aktualität der Informationen	– Möglichkeit des Betrugs
– Möglichkeit zur Recherche ohne Aufwand → Entwicklung der Selbstständigkeit	– Übernahme von Fehlern
– Übungsseiten, Lernhilfen, Mathe- und Vokabel-trainer	– Gefahr der Ablenkung

4 b) –

5 –

Einen Schreibplan erstellen

SEITE 26

1 a) und **b)** *So könntest du die Argumente bewertet haben:*

Pro: Vorteile der Internet-nutzung	Kontra: Probleme bei der Internetnutzung
– gegenseitige Hilfe bei den Hausaufgaben +	– Kopieren von Texten ohne Nachdenken +++
– Vielfalt und Aktualität der Informationen ++	– Möglichkeit des Betrugs ++
– Möglichkeit zur Recherche ohne Aufwand → Entwicklung der Selbstständigkeit +++	– Übernahme von Fehlern ++
– Übungsseiten, Lernhilfen, Mathe- und Vokabel-trainer +	– Gefahr der Ablenkung +

2 a) und **b)** *So könnte dein Schreibplan aussehen:*

Schreibplan: Verhilft das Internet zu mehr Schulerfolg?
Gegenposition: Das Internet kann nicht zu mehr Erfolg in der Schule verhelfen.
1. (+++): Kopieren von Texten ohne Nachdenken
2. (++): Möglichkeit des Betrugs
3. (+): Gefahr der Ablenkung

Meine Position: Das Internet verhilft zu mehr Schulerfolg.
1. (+): Übungsseiten, Lernhilfen, Mathe- und Vokabeltrainer
2. (++): Vielfalt und Aktualität der Informationen
3. (+++): Möglichkeit zur Recherche ohne Aufwand → Entwicklung der Selbstständigkeit

3 a)
Argument: Ein großes Problem bei der Internetnutzung ist, dass viele Schülerinnen und Schüler nur noch Texte aus dem Internet kopieren, ohne sie zu verstehen.
Beleg: Wenn man nicht selbst nachdenkt, dann lernt man nichts. Beim Schreiben einer Inhaltsangabe zu einem Text im Fach Deutsch ist es beispielsweise viel gewinn-bringender, wenn man selbst überlegen muss, was in die Inhaltsangabe gehört und wie man den Inhalt sachlich ausdrückt. Wenn man eine fertige Inhaltsangabe aus dem Internet übernimmt, ist man zwar schnell fertig, hat aber nichts gelernt.

3 b)
Darstellung eines Beispiels

3 c) *Folgende Belege oder Beispiele könntest du im Schreibplan ergänzen:*
Gegenposition: Das Internet kann nicht zu mehr Erfolg in der Schule verhelfen.
1. (+++): Kopieren von Texten ohne Nachdenken
Beleg/Beispiel: Inhaltsangabe in Deutsch: selbst überlegen, sonst lernt man nichts
2. (++): Möglichkeit des Betrugs
Beleg/Beispiel: Nick neulich Note 6 für Referat aus Internet
3. (+): Gefahr der Ablenkung
Beleg/Beispiel: Schüler besuchen nebenbei soziale Netzwerke, spielen Online-Spiele

Meine Position: Das Internet verhilft zu mehr Schulerfolg.
1. (+): Übungsseiten, Lernhilfen, Mathe- und Vokabeltrainer
Beleg/Beispiel: übe immer mit Online-Vokabeltrainer
2. (++): Vielfalt und Aktualität der Informationen
Beleg/Beispiel: im Internet viele Grafiken für mein Referat zum Klimawandel
3. (+++): Möglichkeit zur Recherche ohne Aufwand → Entwicklung der Selbstständigkeit
Beleg/Beispiel: meine Recherche zu „Atomkraft" zu Hause

Den Hauptteil schreiben

1 a) und **b)**
(1) Argument: Ein Vorteil des Internets besteht darin, dass sich Schülerinnen und Schüler von zu Hause aus bei den Hausaufgaben helfen können.
Beleg/Beispiel: Beispielsweise habe ich neulich einen Mitschüler, der auch online war, über Facebook nach der Mathematikhausaufgabe gefragt. Er hat mir den Rechenweg erklärt, und ich konnte die restlichen Aufgaben allein lösen.

(2) Argument: Das Internet bietet eine Vielfalt an Übungs-programmen und Lernhilfen.
Beleg/Beispiel: Aus eigener Erfahrung mit dem Online-Vokabeltrainer zu unserem Englischbuch kann ich sagen, dass sich solche Internetangebote sehr gut zur Vorbe-reitung von Klassenarbeiten eignen.

2 *So könnten deine ausformulierten Argumente lauten:*
(1) Ein großes Problem bei der Internetnutzung ist, dass viele Schüler/innen nur noch Texte aus dem Internet kopieren, ohne sie zu verstehen.
Aus eigener Erfahrung kann ich sagen, dass man nichts lernt, wenn man nicht selbst nachdenkt. Beim Schreiben einer Inhaltsangabe zu einem Text im Fach Deutsch ist es viel gewinnbringender, wenn man selbst überlegen muss, was in die Inhaltsangabe gehört.

(2) Der größte Vorteil des Internets besteht meiner Meinung nach darin, dass die Schüler/innen durch die Nutzung selbstständiger werden. Sie können ohne Aufwand selbst nach Informationen suchen. Beispielsweise haben wir im Physikunterricht letzte Woche über Atomkraft gesprochen. Ich habe dann zu Hause im Internet weiter recherchiert, weil ich mich für dieses Thema interessiere.

3 a)
Ein Problem ist, dass Schüler/innen Texte aus dem Internet kopieren ohne darüber nachzudenken. [...]
Hinzu kommt, dass dabei auch Fehler aus dem Internet übernommen und verbreitet werden. [...]

3 b)

Sprachliche Mittel zum Verknüpfen von Argumenten	
Argumente aufzählen	**Argumente steigern** **(+ → +++)**
– Hinzu kommt, dass ... – Zunächst ... – Des Weiteren ... – Mindestens ebenso wichtig ist ... – Eine weitere Tatsache darf nicht vergessen werden: ... – Ein weiteres Argument ist ... – Außerdem muss bedacht werden ... – Außerdem spielt ... eine Rolle. – Weiterhin ist zu bedenken, dass ...	– Es ist wichtig zu sehen, ... – Noch bedeutsamer erscheint mir ... – Weitaus wichtiger ist ... – Am wichtigsten ist jedoch ...

4 *Die folgenden sprachlichen Verknüpfungsmittel könntest du verwenden:*

Gegenposition: Das Internet kann nicht zu mehr Erfolg in der Schule verhelfen.

1. (+++): Kopieren von Texten ohne Nachdenken (<u>Zunächst ...</u>)

Beleg/Beispiel: Inhaltsangabe in Deutsch: selbst überlegen, sonst lernt man nichts

2. (++): Möglichkeit des Betrugs (<u>Des Weiteren ...</u>)

Beleg/Beispiel: Nick neulich Note 6 für Referat aus Internet

3. (+): Gefahr der Ablenkung (<u>Außerdem spielt ... eine Rolle.</u>)

Beleg/Beispiel: Schüler besuchen nebenbei soziale Netzwerke, spielen Online-Spiele

Meine Position: Das Internet verhilft zu mehr Schulerfolg.

1. (+): Übungsseiten, Lernhilfen, Mathe- und Vokabeltrainer (<u>Es ist wichtig zu sehen ...</u>)

Beleg/Beispiel: übe immer mit Online-Vokabeltrainer

2. (++): Vielfalt und Aktualität der Informationen (<u>Noch bedeutsamer erscheint mir ...</u>)

Beleg/Beispiel: im Internet viele Grafiken für mein Referat zum Klimawandel

3. (+++): Möglichkeit zur Recherche ohne Aufwand → Entwicklung der Selbstständigkeit (<u>Am wichtigsten ist jedoch ...</u>)

Beleg/Beispiel: Recherche zu Atomkraft zu Hause

5 a) *Folgende Satzanfänge sind geeignet:*
– Alle diese Punkte sprechen für (gegen) ... Viel mehr spricht aber dagegen (dafür): ...
– Auf der anderen Seite ist es aber so ...
– Andererseits muss jedoch gesehen werden, dass ...

5 b) –

6 *So könnte dein Hauptteil lauten:*

Ein Problem bei der Nutzung des Internets als Lernmedium ist zunächst, dass Schülerinnen und Schüler oft Texte aus dem Netz kopieren, ohne über deren Inhalt nachzudenken. Aus eigener Erfahrung kann ich sagen, dass man nichts lernt, wenn man nicht selbst nachdenkt. Beim Schreiben einer Inhaltsangabe zu einem Text im Fach Deutsch ist es viel gewinnbringender, wenn man selbst überlegen muss, was in die Inhaltsangabe gehört.

Des Weiteren muss bedacht werden, dass mit Hilfe des Internets immer wieder betrogen wird. Einige Schülerinnen und Schüler kopieren vollständige Referate aus dem Internet und tun so, als hätten sie diese selbst erarbeitet. Mein Freund Nick hat neulich ein Referat gehalten, das er komplett aus dem Internet übernommen hatte. Die Lehrerin bemerkte das sofort, und er bekam die Note 6 wegen „Betrugsversuch".

Außerdem spielt auch die Gefahr der Ablenkung eine Rolle. Ich weiß von meinen Mitschülern, dass viele während der Hausaufgaben den Computer anlassen und nebenbei chatten oder Online-Spiele spielen. Dann konzentrieren sie sich zu wenig auf ihre Aufgaben, kommen zu falschen Ergebnissen oder vergessen Teile der Hausaufgaben.

Alle diese Probleme sprechen gegen die Nutzung des Internets für Schulaufgaben. Noch mehr spricht aber dafür: Es ist wichtig zu sehen, dass das Internet zahlreiche Übungsseiten zu allen Fächern bietet. Beispielsweise konnte ich im letzten Schuljahr meine Noten im Englisch-unterricht verbessern, indem ich regelmäßig mit einem Online-Vokabeltrainer geübt habe.

Noch bedeutsamer erscheint mir der Blick auf die Vielfalt und Aktualität der Informationen, die im Internet zur Verfügung stehen. Bei der Recherche zu aktuellen Themen ist das Internet das beste Hilfsmittel. Für mein Referat zum Klimawandel konnte ich neulich in kurzer Zeit mehrere Grafiken und aktuelle Zahlen finden.

Am wichtigsten ist jedoch die Tatsache, dass sich Schülerinnen und Schüler ohne großen Aufwand Informationen beschaffen können. Sie müssen nicht mehr extra in die Bibliothek gehen. Und sie sind nicht mehr von dem Material abhängig, das sie von den Lehrkräften erhalten. Dadurch entwickeln Schülerinnen und Schüler mehr Selbstständigkeit. Wenn mich zum Beispiel ein Thema aus dem Unterricht interessiert, dann recherchiere ich dazu im Internet nach weiteren Informationen. Und wenn ich in einem Text aus dem Unterricht Fachwörter nicht verstehe, dann google ich diese im Internet.

Die Einleitung formulieren

SEITE 30

1 a)
(1) – C
(2) – B
(3) – D
(4) – A

1 b) –

2 *So könnte dein Satz lauten:*
Es stellt sich die Frage, ob das Internet den jugendlichen Nutzern auch zu mehr Schulerfolg verhelfen kann.

3 *So könnte deine Einleitung lauten:*
98 % der 10- bis 18-Jährigen nutzen laut einer aktuellen Studie des BITKOM-Verbandes fast täglich das Internet. Es stellt sich die Frage, ob das Internet den jugendlichen Nutzern auch zu mehr Schulerfolg verhelfen kann.

Den Schluss verfassen

1

Formulierung der eigenen Meinung		
– Ich bin der Meinung, dass … – Ich vertrete den Standpunkt, dass … – Bei Betrachtung dieser Argumente komme ich zu dem Schluss, dass … – Meiner Ansicht nach …		
Formulierung eines Bezugs zur Einleitung	**Formulierung eines Ausblicks**	**Formulierung einer Empfehlung/ Forderung**
– Wie oben beschrieben … – Wie anfangs dargestellt …	– In der Zukunft werden/ könnten … – Voraussichtlich werden … – Ich glaube, dass zukünftig … – Ich nehme an, dass in Zukunft …	– Zukünftig sollte … – Ich empfehle … – Ich schlage daher vor, dass … – Abschließend hoffe ich, dass …

2 –

3 *Diese Ideen könntest du für deinen Schlussteil nutzen:*

Bezug zur Einleitung	**Ausblick**	**Empfehlung / Forderung**
– fertige Bio-Referate aus dem Netz dürfen nicht mehr gehalten werden – Internetanschluss in allen Unterrichtsräumen wohl sinnvoll – …	– Nutzung des Internets im Alltag wird zunehmen – wegen der Probleme wird Internet keine Rolle mehr in Schule spielen – …	– Ansage der Lehrkräfte, für welche Aufgaben Internet erlaubt – Diskussion im Unterricht: In welchen Fällen ist Nutzung des Internets sinnvoll? – Regel in Schulordnung: Keine Internetnutzung für Hausaufgaben – …

4 *So könnte dein Schluss lauten:*
Meiner Meinung nach lässt sich also die Frage, ob das Internet zu mehr Schulerfolg verhelfen kann, mit „Ja" beantworten. Die Nutzung des Internets im Alltag wird vermutlich weiter zunehmen. Die Schule sollte sich trotz der Probleme und Gefahren davor nicht sperren.
Im Unterricht sollte besprochen werden, wie man richtig mit Informationen aus dem Internet umgeht. Dann wird es auch weniger kopierte Bio-Referate geben.

Eine Erörterung überarbeiten

1
Der Schüler ist der grundlegenden Ansicht, dass das Internet zu mehr Schulerfolg verhilft.

2 –

3 a)
Argument: Ein großes Problem bei der Internetnutzung ist, dass viele Schüler/innen nur noch Texte aus dem Internet kopieren, ohne sie zu verstehen.
Beleg/Beispiel: Wenn man nicht selbst nachdenkt, dann kapiert man doch nichts! Beim Schreiben einer Inhaltsangabe zu einem Text im Fach Deutsch ist es beispielsweise besser, selbst zu überlegen, was in die Inhaltsangabe gehört. Wenn man googelt und eine Inhaltsangabe einfach so übernimmt, ist man zwar schnell fertig, hat aber nichts gelernt.

Argument: Schüler/innen übernehmen Texte manchmal aus dem Netz und geben sie als eigene Arbeit aus. Das ist doch Betrug! Wenn die erwischt werden, bekommen sie dafür eine schlechte Note.
Beleg/Beispiel: Mein Freund hat einmal ein komplettes Referat über die Weltwirtschaftskrise aus dem Netz kopiert und unverändert vorgetragen. Die Lehrerin hat das sofort bemerkt und dafür die Note 6 gegeben. So etwas Bescheuertes passiert ihm nicht noch einmal!

Argument: Ein weiteres Problem ist, dass sich manche Schüler/innen eher über das Internet ablenken lassen, als es sinnvoll zu nutzen.
Beleg/Beispiel: – *(fehlt)*

Nachdem ich die Nachteile erörtert habe, die sich aus der Nutzung des Internets für schulische Zwecke ergeben können, möchte ich nun auf die Vorteile eingehen.

Argument: Im Internet werden viele Lernprogramme angeboten.
Beleg/Beispiel: Unsere Englischlehrerin empfiehlt uns immer wieder das Üben mit dem Vokabeltrainer, der im Internet passend zu unserem Englischbuch angeboten wird.

Argument: Man kann das Internet gut zur Informationssuche nutzen.
Beleg/Beispiel: Vor kurzem musste ich für das Fach Erdkunde ein Referat zum Thema „Klimawandel" ausarbeiten. Ich habe im Online-Lexikon Wikipedia und auf den Seiten von Greenpeace und Spiegel-online viele coole Informationen gefunden. Es gab dort auch Schaubilder und Grafiken, das war ganz easy!

Argument: Der größte Vorteil des Internets besteht aber meiner Meinung nach darin, dass die Schüler/innen durch die Nutzung selbstständiger werden. Sie können ohne Aufwand eigenständig nach Informationen suchen. Sie lernen nicht nur von den Lehrkräften aufbereitetes Wissen, sondern informieren sich auch selbst weiter.
Beleg/Beispiel: Im Physikunterricht haben wir letzte Woche über Atomkraft gesprochen. Ich habe dann zu Hause im Internet weiter recherchiert, weil ich mich für dieses Thema interessiere. Ich wäre dafür nicht extra in die Bibliothek gegangen.

3 b)
☑ Alle Argumente sind inhaltlich zutreffend und überzeugend.
☐ Alle Argumente sind durch Beispiele/Belege gestützt.
☑ Die Argumente sind sinnvoll geordnet.

Diese Dinge müssen außerdem verbessert werden:
– Verknüpfung von Argumenten
– Verbindung von einzelnen Argumenten mit dazugehörigem Beleg/Beispiel
– Überarbeitung von umgangssprachlichen Ausdrücken
– Wortwiederholungen am Satzanfang

4 a) *Diese Überleitungen und Verknüpfungen solltest du markiert haben:*
Ein weiteres Problem ist, dass … (Zeile 13)

Nachdem ich die Nachteile erörtert habe, […] möchte ich nun auf die Vorteile eingehen. (Zeile 15–16)

Der größte Vorteil […] besteht aber meiner Meinung nach darin, dass … (Zeile 25)

4 b) *So könnte das ausformulierte Argument lauten:*
Man kann das Internet gut zur Informationssuche nutzen. So musste ich beispielsweise vor kurzem für das Fach Erdkunde ein Referat zum Thema „Klimawandel" ausarbeiten.

4 c) *Diese Argumente solltest du besser verbinden:*
– Argument 1 (Zeile 1–6) und Argument 2 (Zeile 7–12): Außerdem …
– Argument 4 (Zeile 17–19) und Argument 5 (Zeile 20–24): Noch bedeutsamer erscheint mir …

5 a)
„Ohne Aufwand können sie selbst nach Informationen suchen. Sie lernen nicht nur von den Lehrkräften aufbereitetes Wissen, […]"

5 b)
Ich habe dann zu Hause im Internet weiter recherchiert, weil ich mich für dieses Thema interessiere. Ich wäre dafür nicht extra in die Bibliothek gegangen. (Zeile 29–31)

6 *Folgende umgangssprachliche Wendungen müssen überarbeitet werden:*
– dann kapiert man doch nichts (Zeile 3) → dann lernt/ versteht man nichts
– Das ist doch Betrug! (Zeile 8) → Das stellt eine Form von Betrug dar.
– Wenn die erwischt werden (Zeile 8) → Wenn die Lehrkraft diesen Betrug erkennt
– So etwas Bescheuertes passiert ihm nicht noch einmal! (Zeile 11–12) → Er hat daraus gelernt.

– viele coole Informationen (Zeile 23) → viele interessante/ geeignete Informationen
– das war ganz easy! (Zeile 24) → *(streichen)*

7 *So könnte deine Überarbeitung aussehen:*
Ein großes Problem bei der Internetnutzung ist, dass viele Schüler/innen nur noch Texte aus dem Internet kopieren, ohne sie zu verstehen. Wenn man nicht selbst nachdenkt, dann lernt man nichts. Beim Schreiben einer Inhaltsangabe zu einem Text im Fach Deutsch ist es beispielsweise besser, selbst zu überlegen, was in die Inhaltsangabe gehört. Wenn man googelt und eine Inhaltsangabe einfach so übernimmt, ist man zwar schnell fertig, hat aber nichts gelernt.

Außerdem übernehmen Schüler/innen Texte manchmal aus dem Netz und geben sie als eigene Arbeit aus. Das stellt eine Form von Betrug dar. Wenn die Lehrkraft diesen Betrug erkennt, bekommen sie dafür eine schlechte Note. Mein Freund hat einmal ein komplettes Referat über die Weltwirtschaftskrise aus dem Netz kopiert und unverändert vorgetragen. Die Lehrerin hat das sofort bemerkt und dafür die Note 6 gegeben. Er hat daraus gelernt.

Ein weiteres Problem ist, dass sich manche Schüler/innen eher über das Internet ablenken lassen, als es sinnvoll zu nutzen. Ich weiß von meinen Mitschülern, dass viele während der Hausaufgaben den Computer anstellen und nebenbei chatten oder Online-Spiele spielen. Dann konzentrieren sie sich zu wenig auf ihre Aufgaben, kommen zu falschen Ergebnissen oder vergessen Teile der Hausaufgaben.

Nachdem ich die Nachteile erörtert habe, die sich aus der Nutzung des Internets für schulische Zwecke ergeben können, möchte ich nun auf die Vorteile eingehen. Im Internet werden viele Lernprogramme angeboten. Beispielsweise empfiehlt uns unsere Englischlehrerin immer wieder das Üben mit dem Vokabeltrainer, der im Internet passend zu unserem Englischbuch angeboten wird.

Noch bedeutsamer erscheint mir, dass man das Internet gut zur Informationssuche nutzen kann. So musste ich vor kurzem für das Fach Erdkunde ein Referat zum Thema „Klimawandel" ausarbeiten. Ich habe im Online-Lexikon Wikipedia und auf den Seiten von Greenpeace und Spiegel-online viele interessante Informationen gefunden. Es gab dort auch Schaubilder und Grafiken, die ich gut verwenden konnte.

Der größte Vorteil des Internets besteht aber meiner Meinung nach darin, dass die Schüler/innen durch die Nutzung selbstständiger werden. Ohne Aufwand können sie eigenständig nach Informationen suchen. Sie lernen nicht nur von den Lehrkräften aufbereitetes Wissen, sondern informieren sich auch selbst weiter. Im Physikunterricht haben wir letzte Woche über Atomkraft gesprochen. Ich habe dann zu Hause im Internet weiter recherchiert, weil ich mich für dieses Thema interessiere. Dafür wäre ich jedoch nicht extra in die Bibliothek gegangen.

8 –

Fit für Prüfungen!
Eine Pro-Kontra-Erörterung schreiben

SEITE 35

Aufgabe *So könnte dein Artikel lauten:*

Freiwilliges Soziales Jahr – lohnt sich das?

Bist du noch unentschlossen und weißt nicht, was du nach dem Schulabschluss machen sollst? Neben der Berufsausbildung gibt es auch die Möglichkeit, ein so genanntes „Freiwilliges Soziales Jahr" (FSJ) zu machen. Darunter versteht man ein Bildungs- und Orientierungsjahr für junge Menschen zwischen 15 und 26 Jahren, die ihre Vollzeitschulpflicht erfüllt und Interesse am freiwilligen Engagement im sozialen Bereich haben. Das FSJ erstreckt sich über einen Zeitraum von mindestens sechs bis maximal 18 Monaten und findet in sozialen Einrichtungen statt.

Du solltest dir zunächst im Klaren darüber sein, dass das Freiwillige Soziale Jahr kein Ausbildungs- oder Arbeitsverhältnis ist. Manche sind deshalb der Ansicht, dass man dadurch ein Jahr verliert. Wenn man sich anschließend um eine Ausbildungsstelle bewirbt, sind die anderen Bewerberinnen und Bewerber ein Jahr jünger.

Ein weiteres Problem ist, dass die Einsatzmöglichkeiten bei einem FSJ eingeschränkt sind. So interessieren sich einige Mitschülerinnen und Mitschüler zum Beispiel für technische Berufe. Ihnen bietet das FSJ keine Möglichkeit, solche Tätigkeitsfelder kennen zu lernen.

Du bekommst während des FSJ auch nur ein relativ geringes Taschengeld. Beispielsweise berichtet ein ehemaliger Schüler, der in einem Altenpflegeheim tätig ist, von 180 € monatlich.

Auf der anderen Seite ist es aber so, dass es oftmals einen Verpflegungszuschuss und eine Unterkunftsmöglichkeit gibt. Damit bist du kaum auf die Unterstützung der Eltern angewiesen. Lina, eine andere ehemalige Schülerin unserer Schule, arbeitet beispielsweise in einem Wohnheim für körperbehinderte Erwachsene. Sie hat in der Einrichtung eine eigene Wohneinheit und darf alle Mahlzeiten mitessen, auch an ihren freien Tagen.

Ein weiterer Vorteil ist, dass ein FSJ für bestimmte Ausbildungen bereits als Vorpraktikum anerkannt wird. So plant Fabian aus der 10b sein FSJ in einem Kindergarten, da er anschließend eine Ausbildung zum Erzieher absolvieren möchte.

Am wichtigsten erscheint mir aber, dass das FSJ ein Orientierungsjahr zur Selbstfindung sein kann. Du lernst einen Berufsbereich kennen, ohne dich schon für einen bestimmten Beruf entscheiden zu müssen. Im Umgang mit anderen Menschen, gerade mit solchen, denen es nicht so gut geht und die Hilfe brauchen, lernst du viel, auch über dich selbst, über deine Stärken und Schwächen.

All diese Faktoren machen das FSJ zu einem attraktiven Angebot, vor allem für die von euch, die noch nicht wissen, wie es nach der Schule weitergehen soll. Wurde dein Interesse geweckt? Dann schau dich doch mal um auf den Seiten des Bundesarbeitskreises FSJ im Internet und informiere dich konkret. Vielleicht nimmst du ja schon bald selbst an einem Freiwilligen Sozialen Jahr teil!

1

3 eigene Argumente ergänzen

6 den Schreibplan anlegen

4 Pro- und Kontra-Argumente ordnen

1 Informationstext lesen und die wichtigen Informationen unterstreichen

8 für den Hauptteil drei Argumente GEGEN das FSJ ausformulieren

5 Argumente bewerten: jeweils drei aussagekräftige Argumente für und gegen das FSJ auswählen und gewichten (+++/++/+)

7 Belege und Beispiele zu den Argumenten im Schreibplan ergänzen

11 den Schluss schreiben

12 den Artikel überarbeiten

9 für den Hauptteil drei Argumente FÜR das FSJ ausformulieren

2 alle vorgegebenen Argumente lesen und genau prüfen

10 die Einleitung schreiben

SEITE 36

2 a) *Folgendes Argument kann gestrichen werden:*
– man trifft nette Leute

2 b) und **3** *So könnte deine Stoffsammlung aussehen:*

Stoffsammlung: Freiwilliges Soziales Jahr – lohnt sich das?			
Pro FSJ	**Bew.**	**Kontra FSJ**	**Bew.**
– Orientierungsjahr zur Selbstfindung	+++	– Kein Ausbildungs- oder Arbeitsverhältnis → 1 Jahr verloren!?	+++
– Chance, etwas Gutes zu tun	++	– kein richtiges Einkommen	+
– Anerkennung als Vorpraktikum für bestimmte Ausbildungen	++	– nur eingeschränkte Einsatzmöglichkeiten (Soziales, Sport, Umwelt)	++
– Möglichkeit zur Weiterentwicklung der sozialen Kompetenz	++		
– Urlaubsanspruch	+		
– Möglichkeit der Weiterbildung (Seminare)	++		
– monatliches Taschengeld, Verpflegungszuschuss, evtl. Unterkunftsmöglichkeit	++		

4 a) *Die richtige Aussage lautet:*
Ich stelle zuerst die Kontra-Argumente vor und erläutere anschließend die Pro-Argumente.

4 b) *So könnte dein Schreibplan aussehen:*

Schreibplan: Freiwilliges Soziales Jahr – lohnt sich das?
Gegenposition: Ein FSJ lohnt sich nicht.
1. (+++): Kein Ausbildungs- oder Arbeitsverhältnis → 1 Jahr verloren!?
Beleg/Beispiel: Mitbewerber um Ausbildungsplatz ein Jahr jünger
2. (++): nur eingeschränkte Einsatzmöglichkeiten (Soziales, Sport, Umwelt)
Beleg/Beispiel: keine Möglichkeit, technische Berufe kennen zu lernen
3. (+): kein richtiges Einkommen
Beleg/Beispiel: nur 180 € im Altenpflegeheim

Meine Position: Ein FSJ lohnt sich.
1. (+): monatliches Taschengeld, Verpflegungszuschuss, evtl. Unterkunftsmöglichkeit
Beleg/Beispiel: Verpflegung bei Arbeit im Altenpflegeheim
2. (++): Anerkennung als Vorpraktikum für bestimmte Ausbildungen
Beleg/Beispiel: Ausbildung zum Erzieher
3. (+++): Orientierungsjahr zur Selbstfindung
Beleg/Beispiel: im Umgang mit Menschen eigene Stärken und Schwächen kennen lernen

SEITE 37
5 a)
(1) – (B)
(2) – (A)
(3) – (C)

5 b) *So könnten die Argumente lauten:*
(1) Die Einsatzmöglichkeiten sind bei einem Freiwilligen Sozialen Jahr eingeschränkt. So interessieren sich einige Mitschülerinnen und Mitschüler zum Beispiel für technische Berufe. Ihnen bietet das FSJ keine Möglichkeit, solche Tätigkeitsfelder kennen zu lernen.

(2) Während des FSJ bekommt man nur ein relativ geringes Taschengeld. Beispielsweise berichtet ein ehemaliger Schüler, der in einem Altenpflegeheim tätig ist, von 180 € monatlich.

(3) Im FSJ entwickelt man soziale Kompetenz, denn man muss bei der Arbeit in einer sozialen Einrichtung auch mit Menschen professionell umgehen, die einem nicht sympathisch sind.

6 *So könnte dein Hauptteil lauten:*
Du solltest dir zunächst im Klaren darüber sein, dass das Freiwillige Soziale Jahr kein Ausbildungs- oder Arbeitsverhältnis ist. Manche sind deshalb der Ansicht, dass man mit dem FSJ ein Jahr verliert. Wenn man sich anschließend um eine Ausbildungsstelle bewirbt, sind die anderen Bewerber ein Jahr jünger.
Ein weiteres Problem ist, dass die Einsatzmöglichkeiten bei einem FSJ eingeschränkt sind. So interessieren sich einige Mitschülerinnen und Mitschüler zum Beispiel für technische Berufe. Ihnen bietet das FSJ keine Möglichkeit, solche Tätigkeitsfelder kennen zu lernen.
Du bekommst während des FSJ auch nur ein relativ geringes Taschengeld. Beispielsweise berichtet ein ehemaliger Schüler, der in einem Altenpflegeheim tätig ist, von 180 € monatlich.
Auf der anderen Seite ist es aber so, dass es oftmals einen Verpflegungszuschuss und eine Unterkunftsmöglichkeit gibt. Damit bist du kaum auf die Unterstützung deiner Eltern angewiesen. Lina, eine andere ehemalige Schülerin unserer Schule, arbeitet beispielsweise in einem Wohnheim für körperbehinderte Erwachsene. Sie hat in der Einrichtung eine eigene Wohneinheit und darf alle Mahlzeiten mitessen, auch an ihren freien Tagen.
Ein weiterer Vorteil ist, dass ein FSJ für bestimmte Ausbildungen bereits als Vorpraktikum anerkannt wird. Fabian aus der 10b wird sein FSJ zum Beispiel in einem Kindergarten machen, da er anschließend eine Ausbildung zum Erzieher absolvieren möchte.

Am wichtigsten erscheint mir aber, dass das FSJ ein Orientierungsjahr zur Selbstfindung sein kann. Du lernst einen Berufsbereich kennen, ohne dich schon für einen bestimmten Beruf entscheiden zu müssen. Im Umgang mit anderen Menschen, gerade mit solchen, denen es nicht so gut geht und die Hilfe brauchen, lernst du viel, auch über dich selbst, über deine Stärken und Schwächen.

7 a)
(1) – (D)
(2) – (C)
(3) – (B)

7 b) *So könnte deine Einleitung lauten:*
Bist du noch unentschlossen und weißt nicht, was du nach dem Schulabschluss machen sollst? Neben der Berufsausbildung gibt es auch die Möglichkeit, ein so genanntes „Freiwilliges Soziales Jahr" (FSJ) zu machen. Darunter versteht man ein Bildungs- und Orientierungsjahr für junge Menschen zwischen 15 und 26 Jahren, die ihre Vollzeitschulpflicht erfüllt und Interesse am freiwilligen Engagement im sozialen Bereich haben. Das FSJ erstreckt sich über einen Zeitraum von mindestens sechs bis maximal 18 Monaten und findet in sozialen Einrichtungen statt.

8 *So könnte dein Schluss lauten:*
Alle diese Punkte machen das FSJ zu einem attraktiven Angebot, vor allem für die von euch, die noch nicht wissen, wie es nach der Schule weitergehen soll. Wurde dein Interesse geweckt? Dann schau dich doch mal um auf den Seiten des Bundesarbeitskreises FSJ im Internet und informiere dich konkret. Vielleicht nimmst du ja schon bald selbst an einem Freiwilligen Sozialen Jahr teil!

9 *Siehe Lösung zu Seite 35, Aufgabe.*

Einen Sachtext lesen und verstehen

SEITE 38

1 –

2
Der Text „Cyber-Mobbing – eine neue Dimension des Mobbings" informiert über neue Formen des Mobbings im Internet oder über Handy.

SEITE 39

3 *Diese Abschnitte könntest du markiert haben:*
1. Abschnitt: Zeile 1–11
2. Abschnitt: Zeile 12–15
3. Abschnitt: Zeile 16–27
4. Abschnitt: Zeile 28–47
5. Abschnitt: Zeile 48–63
6. Abschnitt: Zeile 64–72

4 a) –

4 b) *Folgende Schlüsselwörter könntest du markiert haben:*
1. Abschnitt (Zeile 1–11):
Begriff „Mobbing" (Zeile 1), Handlungen (Zeile 3), Ziel (Zeile 4), Macht-Ungleichgewicht (Zeile 7)
2. Abschnitt (Zeile 12–15):
Formen von Mobbing (Zeile 12)

3. Abschnitt (Zeile 16–27):
Cyber-Mobbing (Zeile 16), „Happy Slapping" (Zeile 20), Internet (Zeile 23), Instant Messenger und das Handy (Zeile 24), Opfer (Zeile 25), Täter/innen (Zeile 26)
4. Abschnitt (Zeile 28–47):
Konsequenzen (Zeile 29), permanente Verfügbarkeit (Zeile 30), Verbreitung (Zeile 36), langes Gedächtnis (Zeile 41)
5. Abschnitt (Zeile 48–63):
erfundenen Identität (Zeile 51), Spuren (Zeile 62)
6. Abschnitt (Zeile 64–72):
„Nutzen" für Täter/innen (Zeile 65), Ventil (Zeile 66), Ruf (Zeile 67), Macht (Zeile 69), Angst (Zeile 70)

SEITE 40

5
– bagatellisieren (Zeile 9): verharmlosen
– verbal (Zeile 13): mit Worten
– physisch (Zeile 14): körperlich
– psychisch (Zeile 15): seelisch
– die Schikane (Zeile 29): die Quälerei
– die Identität (Zeile 51): die Existenz

6 *So könnten deine Überschriften lauten:*

1. Abschnitt Zeile 1–11	Definition des Begriffs „Mobbing"
2. Abschnitt Zeile 12–15	Die drei Formen von Mobbing
3. Abschnitt Zeile 16–27	Erklärung des Begriffs „Cyber-Mobbing"
4. Abschnitt Zeile 28–47	Besondere Konsequenzen des Cyber-Mobbings
5. Abschnitt Zeile 48–63	Probleme und Grenzen der Anonymität im Internet
6. Abschnitt Zeile 64–72	Gründe für Cyber-Mobbing

7 *So könnten deine Sätze lauten:*
(1) Beim Mobbing wird eine Person von einem oder mehreren Täterinnen oder Tätern schlecht behandelt. Das Opfer soll nicht länger zur Gruppe gehören.

(2) In der Mobbing-Situation haben die Täter/innen mehr Macht als das Opfer.

(3) Durch die neuen Medien (Internet, Handy) kann man bis in die eigene Wohnung verfolgt werden. Man hat keinen Ort mehr, an dem man dem Mobbing aus dem Weg gehen kann.

(4) Ein häufiger Grund für Mobbing ist, dass Menschen ihren Frust loswerden wollen, indem sie andere ärgern.

SEITE 41

8 *Diese Beispiele könntest du auflisten:*
– „moderne Kommunikationsmittel" (Zeile 17–18): Internet (E-Mail), Handy, Instant Messenger
– „herkömmliche Mobbing-Formen" (Zeile 30): verspotten, schlagen, aus der Gruppe ausschließen
– „jede Aktion im Web" (Zeile 61): Text/Bild kopieren und verschicken, E-Mail schreiben, chatten, Website besuchen

9

Besonderheiten von Cyber-Mobbing:
- Nutzung moderner Kommunikationsmittel (Zeile 17–18)
- erreicht Opfer auch zu Hause (Zeile 32–34)
- schnelle Verbreitung an breite Öffentlichkeit
  (Zeile 35–40)
- lange Speicherung (Zeile 40–47)
- teilweise Anonymität der Täter/innen
  → sinkende Hemmschwelle (Zeile 48–59)
  → zusätzliche Verunsicherung bei Opfern (Zeile 59–60)

10

Gründe für Cyber-Mobbing:
- Ventil für Aggressionen – Entlastung (Zeile 65–66)
- Aufbau eines Rufs – Anerkennung (Zeile 66–67)
- Stärkung des Gemeinschaftsgefühls der Gruppe
  (Zeile 67–68)
- Demonstration von Macht (Zeile 69)
- verschiedene Ängste (Zeile 70–72)

11 –

Sprache und Intention eines Sachtextes untersuchen

SEITE 43

1 *So könnte dein Satz lauten:*
Der Text gibt Hinweise, was man tun sollte, um sich vor
Cyber-Mobbing-Attacken zu schützen.

2 a) –

2 b)
Der Text könnte aus einer Jugendzeitschrift, aus einem
Infoblatt zu Cyber-Mobbing oder aus einem Internetforum
für Jugendliche stammen.

2 c)
Der Text richtet sich an Jugendliche. Sie sollen aufgeklärt
und informiert werden.

3 a)
auffordernd

3 b)
- Imperativ-Form: <u>Googelt</u> nach euch selbst! (Zeile 24)
- direkte Ansprache: Wir gehen […] davon aus, dass <u>ihr</u> […]
  (Zeile 17)
- Ausrufezeichen: Bewahrt Beweismittel auf<u>!</u> (Zeile 34)

4
- Ansprache in der du/ihr-Form: Wir gehen natürlich davon
  aus, dass <u>ihr</u> … (Zeile 17)
- Verwendung von Umgangssprache: jemanden für blöd
  halte (Zeile 5–6), Lehrer XY (Zeile 13), sich eine Anzeige
  einhandeln (Zeile 16)
- Verwendung von Jugendsprache: krasser Beispiele
  (Zeile 1)

5 –

Diskontinuierliche Texte verstehen

SEITE 44

1
In dem Diagramm wird dargestellt, wie viele Jugendliche in
Deutschland unter Cyber-Mobbing leiden.

2
Balkendiagramm

SEITE 45

3
(1) im Juni 2011
(2) die Techniker Krankenkasse
(3) Jugendliche zwischen 14 und 20 Jahren
(4) 2000

4
Bei der Untersuchung wurden 2000 Jugendliche im Alter
von 14 bis 20 Jahren befragt. Jeder dritte Jugendliche war
schon einmal Cyber-Mobbing-Opfer. Jeder Fünfte der
befragten Jugendlichen wurde bereits im Internet oder
über das Handy gemobbt. 13 % der Befragten gaben an,
dass jemand über sie Beleidigungen oder Gerüchte
mit Hilfe moderner Kommunikationsmittel verbreitet hat.
8 % erklärten, sie hätten erlebt, dass jemand im Internet
Online-Profile unter ihrem Namen erstellt hat.

5
(1) – Falsch, (2) – Falsch, (3) – Falsch, (4) – Richtig, (5) – Richtig

6 *Das könntest du geschrieben haben:*
Mich hat überrascht, dass jeder dritte Jugendliche in
Deutschland von Cyber-Mobbing betroffen war oder ist.
Das hätte ich nicht gedacht. Meiner Ansicht nach ist das
eine erschreckend hohe Zahl. Die Gründe dafür liegen
vermutlich in der weiten Verbreitung und der scheinbaren
Anonymität des Internets. Auf Grund dieser alarmierenden
Ergebnisse sollte das Thema „Cyber-Mobbing" unbedingt
im Unterricht besprochen werden. Vielleicht könnte man
Experten einladen und Projekttage zum Thema organisieren. Schülerinnen und Schüler sollten verstehen, wie es
zu Cyber-Mobbing kommt, und sich darüber austauschen,
was man dagegen tun kann.

SEITE 46

1
Das Diagramm informiert über Auswirkungen von Cyber-
Mobbing auf die Opfer.

2
Es handelt sich um ein Säulendiagramm.

3
Die Umfrage wurde von der Techniker Krankenkasse in
Auftrag gegeben und von dem Forsa-Institut im Juni 2011
durchgeführt.

4
in Prozent

5

(1) Etwa ein Viertel aller Cyber-Mobbing-Opfer empfindet <u>Wut</u>.
→ Etwa ein Viertel aller Cyber-Mobbing-Opfer empfindet Verzweiflung.
ODER: Etwa 70 % aller Cyber-Mobbing-Opfer empfinden Wut.

(2) Fast ein Viertel der Opfer <u>kann nicht mehr schlafen</u>, fast genauso viele fühlen sich hilflos.
→ Fast ein Viertel der Opfer empfindet Verzweiflung, fast genauso viele fühlen sich hilflos.

(3) <u>10 %</u> reagieren mit Krankheitssymptomen wie Kopf- oder Bauchschmerzen.
→ 18 % reagieren mit Krankheitssymptomen wie Kopf- oder Bauchschmerzen.

6

Vermutlich treten bei einzelnen Opfern mehrere Reaktionen auf einmal auf.

SEITE 47

1 a)
Wer sind die Täter/innen von Cyber-Mobbing-Attacken?

1 b)
Die Grafik stellt die Ergebnisse einer Umfrage aus dem Jahr 2007 des Zentrums für Empirische Pädagogische Forschung (zepf) dar. <u>1997</u> Schülerinnen und Schüler wurden nach den Täterinnen oder Tätern von Cyber-Mobbing-Attacken gefragt. <u>Die Mehrheit (54 %)</u> gab an, von einer Mitschülerin oder einem Mitschüler gemobbt worden zu sein, <u>13 %</u> nannten eine Freundin oder einen Freund und <u>11 %</u> eine Internetbekanntschaft. <u>22 %</u> der befragten Jugendlichen konnten keine Angaben zum Täter machen.

2 *So sollte dein Diagramm aussehen:*

Täter/innen von Cyber-Mobbing-Attacken

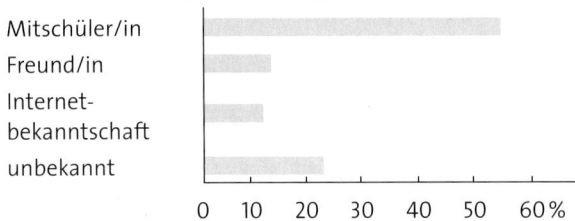

Quelle: Umfrage des Zentrums für Empirische Pädagogische Forschung (zepf), 2007

3 *Das könntest du geschrieben haben:*
Mich überrascht nicht, dass die Mehrheit der Cyber-Mobbing-Opfer von einer Mitschülerin oder einem Mitschüler gemobbt wurde, weil sich Opfer und Täter meistens auch in der „realen Welt" kennen und sich Schüler/innen, die in derselben Klasse sind, täglich sehen. Ich verstehe auch, dass 22 % der befragten Schüler/innen keine Angaben zu den möglichen Täterinnen oder Tätern machen können, da sich diese im Internet durch Pseudonyme und/oder gefälschte Profile gut verstecken und im Verborgenen handeln können.

4 *Das könntest du geschrieben haben:*
Bei dem Thema „Cyber-Mobbing" sind die Einschätzungen sehr subjektiv und die Grenzen zwischen harmlosen Scherzen, „normalen" Streitigkeiten und echtem Mobbing nicht immer sofort zu unterscheiden.
Außerdem werden einige Schülerinnen und Schüler vermutlich nicht zugeben, dass sie gemobbt wurden. Sie möchten vielleicht nicht darüber sprechen.

Fit für Prüfungen!
Einen Sachtext und ein Diagramm erschließen

SEITE 49

1

	Sachtext erschließen		Diagramm auswerten
3	Text in Abschnitte einteilen	4	Zahlenwerte betrachten
2	Text überfliegen und Thema benennen	2	Diagrammart bestimmen
7	Inhalt der Abschnitte zusammenfassen (Teilüberschrift oder Stichpunkte an Textrand)	1	Überschrift lesen und Thema erfassen
4	Text abschnittsweise gründlich lesen	5	Informationen ablesen und vergleichen
1	Überschrift lesen und Vermutungen zum Textinhalt anstellen	7	Überlegungen zu Ergebnissen anstellen
6	Schlüsselwörter und besondere sprachliche Mittel unterstreichen	6	Informationen zusammenfassen
5	unbekannte Wörter klären	3	Quelle klären

SEITE 50

2 a)
Zeitungsartikel

2 b) *Diese Besonderheiten könntest du anführen:*
– Text enthält Meinung des Autors (Zeile 6)
– Autor berichtet über persönliches Umfeld (Zeile 10 – 14)
– Autor wertet Fakten und Vorgänge (Zeile 6, 22 – 25)

3
Der Autor versucht, deutlich zu machen, dass es schon immer Veränderungen gegeben hat und die Nutzung neuer Medien zur Kommunikation nicht beunruhigen muss.

4 a) und **b)**
- die Studie (Z. 2): die wissenschaftliche Untersuchung
- die Medienkompetenz (Z. 20–21): die Fähigkeit, mit Geräten wie Computer, Telefon, Fernsehen umzugehen
- die Taktfrequenz (Z. 36): Häufigkeit, mit der etwas regelmäßig geschieht
- die Anonymität (Z. 42): die Namenlosigkeit
- die Emotionalität (Z. 60): die Gefühlsbetontheit

5

☒	Die Menschen, die – im Gegensatz zu ihren Eltern – das Telefon intensiv nutzen, sind heute misstrauisch, wenn Jugendliche über das Internet kommunizieren. Z. 23–25
☒	Experten sprechen davon, dass die Menschen heute besser mit Medien umgehen können als früher und eine positive Einstellung zur Technik haben. Z. 20–21
☒	66 % der Jugendlichen chatten regelmäßig. Z. 28
☐	50 % der Jugendlichen finden Augenkontakt bei Gesprächen nicht mehr wichtig. Z. 38–40
☒	Auch Jugendliche müssen direkt miteinander sprechen, um echte Freundschaften zu entwickeln. Z. 58–61

6
Der Autor gibt als Quelle für seine Informationen die Ergebnisse einer Untersuchung des Instituts für Demoskopie Allensbach an (Zeile 2).

SEITE 51

7 a)
Durch Handy, Telefon und Internet können die Menschen überall und zu jeder Zeit miteinander sprechen. Es kommt häufiger zu Gesprächen.

7 b)
Die Jugendlichen nutzen digitale Medien jeden Tag. Diese gehören zu ihrem Alltag und sie fühlen sich wohl damit.

8
Balkendiagramm

9
In dem Diagramm wird dargestellt, wozu Internet-Nutzer soziale Netzwerke verwenden.

10
(1) – Richtig, (2) – Richtig, (3) – Falsch, (4) – Richtig

11 *Das könntest du geschrieben haben:*
Das Diagramm zeigt, dass die Kontaktpflege mit Freunden und Bekannten mit Abstand der Hauptgrund für die Nutzung sozialer Netzwerke ist. Das entspricht auch der Aussage des Textes „Jugendliche wollen keinen Augenkontakt mehr" und meinen eigenen Erfahrungen.

12 *Das könntest du geschrieben haben:*
Ich finde soziale Netzwerke grundsätzlich gut. Ich kann mich dort mit meinen Freunden austauschen – auch mit denen, die weiter weg wohnen. Ich spare Zeit, denn wenn ich wichtige Neuigkeiten habe oder Fotos zeigen will, brauche ich diese nur ins Internet zu stellen und muss sie nicht jedem Freund einzeln schicken.

Oder:
Soziale Netzwerke können „Zeitfresser" sein. Manchmal will ich nur kurz nach neuen Nachrichten schauen und merke dann erst hinterher, dass ich viel länger im Netz geblieben bin, als ich eigentlich wollte.

Den Aufbau von Bewerbungsschreiben beachten

SEITE 52

1 a) und **b)**

③	
⑦	
①	②
④	⑥

⑤ vielen Dank für das informative Gespräch, das mich in meinem Wunsch, eine Ausbildung bei Ihnen zu beginnen, bestärkt hat. Wie ich erfahren konnte, bieten Sie jedem Kunden eine individuelle Beratung und bauen das Fahrrad nach seinen Wünschen zusammen. Außerdem sind Sie auf Rennräder spezialisiert. Aus diesen Gründen bewerbe ich mich bei Ihnen.
Seit der 7. Klasse bin ich Mitglied in der Fahrrad-AG unserer Schule. Dort habe ich gelernt, wie man Fahrräder repariert und worauf man bei der Wartung achten muss. Mit zwei weiteren AG-Mitgliedern habe ich die „Pannen-Hilfe" ins Leben gerufen, mit der wir Schülerinnen und Schülern bei der Reparatur ihrer Fahrräder helfen. Mir gefällt es besonders, dass wir unsere Arbeit selbstständig organisieren und oft im Team arbeiten. Ich bin zudem Mitglied im Radsportverein und fahre sehr gern Rennrad.
Derzeit besuche ich die 9. Klasse der Johann-Sebastian-Bach-Schule, die ich im Sommer mit dem erweiterten Hauptschulabschluss verlassen werde. Ich interessiere mich sehr für die angebotene Ausbildungsstelle und bitte Sie, mich in die Auswahl mit einzubeziehen.
Auf Ihre Einladung zu einem persönlichen Gespräch freue ich mich.

Passende Formulierungen verwenden

SEITE 53

1 *Diesen Teil der Anzeige solltest du rot unterstrichen haben:*
Sie stellen Torten und Kuchen, Pralinen, Marzipan- und Zuckererzeugnisse, Salz-, Käse- und Dauergebäck sowie Speiseeis her.
Außerdem dekorieren und präsentieren Sie Ihre Produkte und verkaufen diese.

Diesen Teil der Anzeige solltest du blau unterstrichen haben:
Wir erwarten: <u>Einhalten von Hygienevorschriften, Zuverlässigkeit, Verantwortungsbewusstsein, Grundkenntnisse in Mathematik und Chemie, Kreativität, Teamgeist und Kundenorientierung, erweiterten Hauptschulabschluss.</u>

2
– Herstellen von Torten, Kuchen, Pralinen, Gebäck, Speiseeis usw.
– Dekorieren und Präsentieren von Produkten
– Verkaufen der Produkte

SEITE 54

3

4 a)
Name: Marek Fischer
Schulbildung: Schüler der Klasse 9c (Ida-Ehre-Gesamtschule)
Voraussichtlicher Abschluss:
<u>erweiterter Hauptschulabschluss im Sommer 2012</u>
Lieblingsfächer: <u>Mathematik</u>, Englisch, <u>Kunst</u>
Schulische Tätigkeiten: <u>Mitarbeit in Cafeteria</u>
<u>(Dekoration von belegten Brötchen, Verkauf, Reinigung)</u>
Berufliche Erfahrungen:
<u>zweiwöchiges Praktikum in der Bäckerei Schröder</u>
<u>(selbstständiges Bedienen der Kunden, Reinigung)</u>
Hobbys: <u>Fußball</u>, Comiczeichnen, Kochen
<u>(denkt sich gern Gerichte für Familie und Freunde aus)</u>
Stärken: <u>Pünktlichkeit, Hilfsbereitschaft (hilft Freunden bei</u>
<u>Mathe-Hausaufgaben, springt oft in Cafeteria für kranke</u>
<u>Mitschüler ein)</u>, Umgang mit Tieren

4 b) *Folgende Steckbrief-Angaben kannst du den Anforderungen in der Mindmap zuordnen:*
– Einhalten von Hygienevorschriften → Reinigung in Cafeteria und Bäckerei
– Zuverlässigkeit → Pünktlichkeit
– Verantwortungsbewusstsein → hilft Freunden, vertritt im Krankheitsfall
– Grundkenntnisse Ma + Ch → Lieblingsfach Mathe
– Kreativität → Lieblingsfach Kunst, denkt sich gern Gerichte aus
– Teamgeist → Fußball
– Kundenorientierung → Bedienen von Kunden in Cafeteria und Bäckerei
– Hauptschulabschluss → Sommer 2012

4 c)
– Herstellen von Torten, Kuchen, Pralinen, Gebäck, Speiseeis usw.
– Dekorieren und Präsentieren von Produkten ✓
– Verkaufen der Produkte ✓

SEITE 55

5 a) und **b)** *So könnten die Sätze lauten:*
(1) <u>Im Rahmen meiner Tätigkeit in</u> der Schulcafeteria dekoriere ich regelmäßig belegte Brötchen und helfe auch beim Verkauf.

(2) <u>Durch meine Tätigkeit</u> in der Cafeteria <u>bin ich vertraut mit</u> Hygienevorschriften.

(3) <u>Es ist für mich selbstverständlich,</u> pünktlich zum Dienst zu erscheinen.

(4) Im Krankheitsfall von Mitschülerinnen oder Mitschülern bin ich schon häufig in der Cafeteria eingesprungen, auch wenn in der anschließenden Stunde eine Klassenarbeit geschrieben wurde.

(5) <u>Da ich mich für das Fach</u> Mathematik <u>begeistere, verfüge ich über</u> gute mathematische Grundkenntnisse.

(6) In meiner Freizeit spiele ich Fußball. <u>Durch</u> diesen Sport <u>habe ich gelernt, was es bedeutet</u>, etwas im Team zu erreichen und dabei Regeln einzuhalten.

(7) <u>Während meines Praktikums</u> in der Bäckerei Schröder <u>habe ich gelernt</u>, wie man Kunden bedient und höflich anspricht.

(8) <u>Zurzeit besuche ich die 9. Klasse</u> der Ida-Ehre-Gesamtschule. <u>Im Sommer 2012 werde ich voraussichtlich meinen Schulabschluss machen.</u>

Ein Bewerbungsschreiben verfassen
SEITE 56

1 a) bis **d)** –

SEITE 57

2 *So könnte dein Bewerbungsschreiben aussehen:*

Pauline Engel   Trippstadt, 11.10.20..
Hauptstr. 45
67876 Trippstadt
Telefon: 06306/123456
E-Mail: pauline.engel@provider.de

Sport- und Fitnesspark
Hr. Karl Karsten
Am Sportpark 59
67876 Trippstadt

Ausbildung zur Fitnesskauffrau
Unser Telefonat vom 10.10.20..

Sehr geehrter Herr Karsten,

vielen Dank für das informative Telefonat gestern und Ihr Interesse an meinem Bewerbungswunsch. Der Stellenanzeige auf Ihrer Homepage konnte ich entnehmen, dass Sie nach Auszubildenden zur Fitnesskauffrau / zum Fitnesskaufmann suchen. Wie ich Ihnen schon telefonisch mitgeteilt habe, entspricht diese Stellenausschreibung meinem Berufswunsch: Ich möchte in naher Zukunft als Fitnesskauffrau tätig sein. Ihr Unternehmen ist in diesem Zusammenhang besonders attraktiv für mich, da es die größte und modernste Fitnesseinrichtung in unserer Stadt ist und viele Niederlassungen hat. Mit den Räumlichkeiten bin ich gut vertraut, da ich bereits mehrere Sportkurse (Aqua-Fitness, Aerobic und Yoga) bei Ihnen gemacht habe.

Schon meine gesamte Schulzeit über habe ich viel Sport getrieben, sowohl im Team als auch einzeln. Ich begeistere mich vor allem für Step-Aerobic, Tanzen und Radfahren. Im Februar dieses Jahres absolvierte ich ein Betriebspraktikum beim Fitnesscenter Sportalive. Dabei gewann ich einen Einblick in das vielseitige Aufgabenfeld einer Fitnesskauffrau und konnte wertvolle Erfahrungen sammeln. So lernte ich, wie man Kundinnen und Kunden berät und ein individuelles Sportangebot zusammenstellt. Auch bei der Einweisung der Kunden an den Geräten war ich dabei. Der persönliche Kundenkontakt hat mir gut gefallen.

Neben dem Sport interessiere ich mich auch für das Thema „Gesundheit". Ich verfüge über gute Deutsch- und Englischkenntnisse.

Zurzeit besuche ich die 9. Klasse der Realschule hier in Trippstadt, die ich im Sommer nächsten Jahres erfolgreich mit der Berufsreife verlassen werde.

Ich bitte Sie, mich in Ihre Auswahl mit einzubeziehen und freue mich auf ein persönliches Gespräch.

Mit freundlichen Grüßen
Pauline Engel

Anlagen: Lebenslauf, Zeugnis

SEITE 58

3 –

Einen Vertragstext erschließen

SEITE 59

1 a) und **b)** –

SEITE 60

2 a) bis **c)** –

SEITE 61

3 a) *Die folgenden Pflichten des Ausbildenden solltest du unterstrichen haben:*

§ 3 Pflichten des Ausbildenden
Der Ausbildende verpflichtet sich,

1. Ausbildungsziel
<u>dafür zu sorgen, dass dem Auszubildenden die berufliche Handlungsfähigkeit vermittelt wird</u>, die zum Erreichen des Ausbildungszieles nach der Ausbildungsordnung erforderlich ist, und die <u>Berufsausbildung</u> nach den beigefügten Angaben zur sachlichen und zeitlichen Gliederung des Ausbildungsablaufs [...] <u>so durchzuführen, dass das Ausbildungsziel in der vorgesehenen Ausbildungszeit erreicht werden kann</u>; [...]

5. Besuch der Berufsschule
den Auszubildenden <u>zum Besuch der Berufsschule anzuhalten und freizustellen</u>; [...]

8. Ausbildungsbezogene Tätigkeiten
<u>dem Auszubildenden nur Verrichtungen zu übertragen, die dem Ausbildungszweck dienen und seinen körperlichen Kräften angemessen sind</u>; [...]

9. Sorgepflicht
<u>dafür zu sorgen, dass der Auszubildende charakterlich gefördert sowie sittlich und körperlich nicht gefährdet wird</u>; [...]

Die folgenden Pflichten des Auszubildenden solltest du unterstrichen haben:

§ 4 Pflichten des Auszubildenden
[...] Er verpflichtet sich insbesondere,

1. Lernpflicht
die ihm im Rahmen seiner Berufsausbildung <u>übertragenen Verrichtungen und Aufgaben sorgfältig auszuführen</u>;

2. Berufsschulunterricht, Prüfungen und sonstige Maßnahmen
<u>am Berufsschulunterricht und an Prüfungen sowie an Ausbildungsmaßnahmen außerhalb der Ausbildungsstätte teilzunehmen</u>, für die er [...] freigestellt wird;

3. Weisungsgebundenheit
den <u>Weisungen zu folgen</u>, die ihm im Rahmen der Berufsausbildung vom Ausbildenden, vom Ausbilder oder von anderen Personen, soweit sie als weisungsberechtigt bekannt gemacht worden sind, erteilt werden; [...]

8. Benachrichtigung
<u>bei Fernbleiben von der betrieblichen Ausbildung, vom Berufsschulunterricht oder von sonstigen Ausbildungsveranstaltungen dem Ausbildenden unter Angabe von Gründen unverzüglich Nachricht zu geben</u> und ihm bei Krankheit oder Unfall die <u>Arbeitsunfähigkeit [...] anzuzeigen und nachzuweisen</u>; [...]

3 b)

Pflichten des Ausbildenden	Pflichten des Auszubildenden
– Vermitteln der beruflichen Handlungsfähigkeit – Durchführung der Ausbildung so, dass Abschluss in geplanter Zeit erreicht werden kann – Freistellung des Auszubildenden zum Berufsschulbesuch – Förderung und Schutz des Auszubildenden	– sorgfältiges Ausführen der Aufgaben – Teilnahme an Unterricht und Prüfungen – Befolgen der Weisungen – dem Ausbildenden bei Ausfall Bescheid geben, sofortiges Nachweisen der Arbeitsunfähigkeit

4 a) und **b)**
Fall 1 (§ 5, Absatz 4)
Ich kann den Chef darauf hinweisen, dass er mir laut Ausbildungsvertrag Berufskleidung kostenlos zur Verfügung stellen muss, da ich diese als Kellner/in benötige.

Fall 2 (§ 3, Absatz 9)

In meiner Ausbildung darf ich körperlich nicht gefährdet werden. Deswegen muss ich in diesem Fall nicht auf die Anweisungen hören. Ich kann meinen Ausbilder in einem anschließenden Gespräch freundlich und sachlich darauf hinweisen.

Fall 3 (§ 4, Absatz 8)

Ich muss meinem Ausbildenden gleich früh zum Arbeitsbeginn Bescheid geben, dass ich krank bin. Außerdem muss ich zum Arzt gehen, um ein Attest bitten und dieses dem Ausbildenden sofort zuschicken.

Ein Ergebnisprotokoll verfassen

SEITE 62

1 –

SEITE 63

2

Montag, 3. September 20.., 9:35 – 10:20 (3. Unterrichtsstunde), Raum 205
Alle 25 Schüler sind da!

Besprechung: Planung des Berufsinformationstages
– Fr. Körner begrüßt alle, fragt nach Wochenende
– am 2. Oktober Berufsinformationstag: Ehemalige Schüler/innen und Eltern sollen zu ihren Berufen befragt werden!
– Einspruch von Lea: Will nicht, dass sich ihre Eltern in der Klasse vorstellen! ☹
– Fr. Körner: Kein Zwang, jeder darf frei entscheiden!
– Fr. Körner: Für welche Berufe interessiert ihr euch?
→ Kfz-Mechatroniker, Kosmetikerin, Koch, Fitnesskaufmann, Bankkaufmann, Friseurin, Tierarzthelferin, Malermeister (Fr. Körner schreibt an Tafel)
– Fr. Körner: Wer kennt jemanden mit diesem Beruf?
→ Schüler nennen mögliche Kontaktpersonen aus Familie und Freundeskreis
– Schade, keiner kennt Koch! ☹
– Fr. Körner schreibt mögliche Personen an
– Abstimmung: jeder Schüler darf sich zweimal für einen Beruf melden
– Kim + Paula kapieren Abstimmung nicht ...
– Ergebnis: 3 Personen sollen ihren Beruf in der Klasse vorstellen:
Kfz-Mechatronikerin (Frau Mehdi), Kosmetikerin (Frau Faber), Bankkaufmann (Herr Stock)
– Wer übernimmt Einladungen? → Nick, Paula, Mani
!!! Abgabe der Einladungen an Fr. Körner am 7.9.!!!

3 *So könnte dein Protokoll aussehen:*

Protokoll:
Besprechung zur Planung des Berufsinformationstages
Datum: Montag, 03.09.20..
Zeit: 9:35 – 10:20 Uhr
Ort: Stadtteilschule Eppendorf, Hamburg, Raum 205
Teilnehmer/innen: 25 Schüler/innen der Klasse 9b
Tagesordnung:
  TOP 1: Festlegung der vorzustellenden Berufe
  TOP 2: Organisation der Einladungen
Leitung: Frau Körner
Protokollant: Jonas Paulsen

TOP 1: Festlegung der vorzustellenden Berufe
Am 02.10.20.. findet der Berufsinformationstag statt. Eltern und ehemalige Schüler/innen sollen dabei ihren Beruf vorstellen. Die Schüler/innen wünschen Informationen über folgende Berufe: Kfz-Mechatroniker, Kosmetikerin, Koch, Fitnesskaufmann, Bankkaufmann, Friseurin, Tierarzthelferin, Malermeister. Es werden mögliche Kontaktpersonen genannt. Die anschließende Abstimmung führt zu folgendem Ergebnis: Es sollen die drei Berufe Kfz-Mechatronikerin (Frau Mehdi), Kosmetikerin (Frau Faber) und Bankkaufmann (Herr Stock) vorgestellt werden.

TOP 2: Organisation der Einladungen
Nick, Paula und Mani erklären sich dazu bereit, die Einladungen vorzubereiten und am 07.09. bei Frau Körner abzugeben.

Hamburg, den 05.09.20..

Jonas Paulsen

4 –

Den Konjunktiv verwenden

SEITE 64

1 a)

Amani möchte Bankkauffrau werden. In unserem Interview schwärmt sie von ihrem Praktikum bei der Stadtsparkasse. Sie erzählt, dass sie vieles <u>machen dürfe</u>. Sie <u>fülle</u> Überweisungen für Kunden <u>aus</u> und <u>sei</u> bei Kreditberatungsgesprächen dabei. Die Arbeit <u>mache</u> ihr großen Spaß. Sie <u>müsse</u> sich jedoch <u>anstrengen</u>, um einen guten Realschulabschluss zu bekommen. Und sie <u>wolle</u> sich schon jetzt auf den Einstellungstest <u>vorbereiten</u>. Es <u>gebe</u> dazu viele Informationen im Internet.

1 b) und **c)**

Infinitiv	Konjunktiv I	Indikativ Präsens
machen dürfen	sie dürfe machen	sie darf machen
ausfüllen	sie fülle aus	sie füllt aus
sein	sie sei	sie ist
machen	sie mache	sie macht
sich anstrengen müssen	sie müsse sich anstrengen	sie muss sich anstrengen
sich vorbereiten wollen	sie wolle sich vorbereiten	sie will sich vorbereiten
geben	es gebe	es gibt

2 a)

Amani: „Die Arbeit als Bankkauffrau <u>ist</u> mein Traumjob. Ich <u>will</u> diesen Traum auf jeden Fall <u>verwirklichen</u>! Deshalb <u>mache</u> ich alles, um den Eignungstest zu bestehen. Ich <u>arbeite</u> gerade ein Buch mit Prüfungsfragen <u>durch</u>. Dort <u>gibt</u> es viele Tipps. Man <u>soll</u> beispielsweise mindestens vier Wochen vor dem Test mit der Vorbereitung <u>beginnen</u>."

2 b)

Amani erzählt, die Arbeit als Bankkauffrau sei ihr Traumjob. Sie wolle diesen Traum auf jeden Fall verwirklichen. Deshalb mache sie alles, um den Eignungstest zu bestehen. Sie sagt, sie arbeite gerade ein Buch mit Prüfungsfragen durch. Dort gebe es viele Tipps. Man solle beispielsweise mindestens vier Wochen vor dem Test mit der Vorbereitung beginnen.

SEITE 65

1 a)

Ich <u>wünschte</u>, ...
ich <u>bekäme</u> den Ausbildungsplatz bei der Stadtsparkasse.
Ich <u>arbeitete</u> hinter einem Bankschalter in einem schicken Hosenanzug.
Ich <u>unterstützte</u> einen eleganten Herrn bei einer Überweisung und <u>schriebe</u> alle Daten korrekt in das Formular.
Er <u>wäre</u> mir sehr dankbar für meine Hilfe
und <u>gäbe</u> mir seine Visitenkarte.
Meine Kollegen <u>freuten</u> sich über mich als Auszubildende.
Eines Tages <u>könnte</u> ich Finanzberaterin <u>werden</u>.

1 b) und c)

Infinitiv	Konjunktiv II	Indikativ Präteritum
wünschen	ich wünschte	ich wünschte
bekommen	ich bekäme	ich bekam
arbeiten	ich arbeitete	ich arbeitete
unterstützen	ich unterstützte	ich unterstützte
schreiben	ich schriebe	ich schrieb
sein	er wäre	er war
geben	er gäbe	er gab
sich freuen	sie freuten sich	sie freuten sich
werden können	ich könnte werden	ich konnte werden

2 –

Aktiv und Passiv verwenden

SEITE 66

1 a)

Gestern <u>wurden</u> in Witten 33 Säcke Streusalz von einem einzelnen Mann <u>gestohlen</u>. Er erwartete vermutlich einen harten Winter. Sein kriminelles Interesse <u>wurde</u> von dem spontanen Blick auf eine Palette Streusalz <u>geweckt</u>, als er gerade aus dem Fenster eines Schnellrestaurants schaute. Beim Verladen der 33 Säcke in seinen Lieferwagen <u>wurde</u> der Mann von einer Frau <u>beobachtet</u>. Als er gerade mit den 825 Kilogramm Salz das Baumarktgelände verlassen wollte, <u>wurde</u> er von der Polizei <u>gefasst</u>.

1 b)

– Gestern stahl ein einzelner Mann in Witten 33 Säcke Streusalz.
– Der spontane Blick auf eine Palette Streusalz weckte sein kriminelles Interesse, als ...
– Eine Frau beobachtete den Mann beim Verladen der 33 Säcke in seinen Lieferwagen.
– ..., fasste ihn die Polizei.

2 a)

Ein Hund <u>griff</u> gestern einen 81-jährigen Mann am Bahnhofsplatz <u>an</u>. Der Hund <u>sprang</u> den alten Mann zuerst <u>an</u>. Dann <u>biss</u> er ihn ins Bein. Der 81-Jährige <u>schlug</u> das Tier mit seinem Stock in die Flucht. Ein Krankenwagen <u>fuhr</u> den Verletzten ins Krankenhaus. Die Polizei <u>sperrte</u> den Hund zunächst <u>ein</u> und <u>brachte</u> ihn dann ins Tierheim.

2 b)

Ein 81-jähriger Mann wurde gestern von einem Hund am Bahnhofsplatz angegriffen.
Der alte Mann wurde von dem Hund zuerst angesprungen. Dann wurde er von ihm ins Bein gebissen.
Das Tier wurde von dem 81-Jährigen mit seinem Stock in die Flucht geschlagen.
Der Verletzte wurde (von einem Krankenwagen) ins Krankenhaus gefahren.
Der Hund wurde von der Polizei zunächst eingesperrt und dann ins Tierheim gebracht.

SEITE 67

3 a) *Diese Sätze solltest du unterstrichen haben:*
Ein Bürgermeister befreite einen jungen Mann aus dem Frauengefängnis. <u>Grünanlagen hinter einem offenen Tor hatten den 24-Jährigen dazu verleitet, einzutreten.</u> Wärter verschlossen das Tor, nachdem der Mann irrtümlich hindurchgegangen war. <u>So schlossen die Tore und Mauern den jungen Mann zufällig im Frauengefängnis ein.</u> Der Bürgermeister besuchte gerade die Einrichtung. Er hörte ein Rufen und alarmierte die Wärter. Sie erlösten den „Gefangenen".

3 b) *So lauten die unterstrichenen Sätze im Passiv:*
– Der 24-Jährige war von Grünanlagen hinter einem offenen Tor dazu verleitet worden, einzutreten.
– So wurde der junge Mann zufällig von den Toren und Mauern im Frauengefängnis eingeschlossen.

4 *So könnte die Zeitungsmeldung lauten:*
Gestern nahm die georgische Polizei eine 75-jährige Frau fest. Zuvor war die Internetverbindung in Teilen Georgiens und Armeniens unterbrochen worden. Die Rentnerin hatte auf der Suche nach Altmetall ein Glasfaserkabel durchtrennt. Die Frau wurde mitgenommen, später aber wegen ihres hohen Alters wieder freigelassen. Das Internetkabel wurde innerhalb von zwölf Stunden repariert.

5

(1) Das Restaurant ist nach einem Überfall geschlossen.
(2) Der Flughafen ist wegen einer Bombendrohung am Morgen gesperrt.
(3) Durch das Erdbeben sind mehrere Städte zerstört.
(4) Das Schloss ist nach dem Brand im letzten Winter wieder komplett restauriert.

Das Partizip verwenden

SEITE 68

1 a)

Paul hat den „qualifizierenden Hauptschulabschluss".
Er würde gern eine Ausbildung in einem angesagten
Modegeschäft machen und parallel dazu die mittlere Reife
nachholen. Da Paul zunächst keine geeignete Ausbildungsstelle finden konnte, besuchte er eine überbrückende
Bildungsmaßnahme. Trotzdem schrieb er weiter Bewerbungen und absolvierte anstrengende Eignungstests.
Nach aufregenden Wochen des Wartens erhielt Paul eine
positive Rückmeldung. Im kommenden August beginnt er
die angestrebte Ausbildung zum Verkäufer.

1 b)

Partizip I	Abgeleitet von ...
qualifizierenden	qualifizieren
überbrückende	überbrücken
anstrengende	anstrengen
aufregenden	aufregen
kommenden	kommen

Partizip II	Abgeleitet von ...
angesagten	ansagen
geeignete	eignen
angestrebte	anstreben

2

Die Schulabgänger/innen benötigen Informationen über
die **herausfordernden** Bewerbungsverfahren. Nur mit
ausreichender Vorbereitung kann es ihnen gelingen, sich
erfolgreich auf die zur Verfügung **stehenden** Ausbildungsplätze zu bewerben. Die **ausbildenden** Betriebe haben die
Pflicht, den **konkurrierenden** Bewerberinnen und
Bewerbern gleiche Chancen zu bieten.

Nominalstil und Verbalstil unterscheiden

SEITE 69

1 a) –

1 b)

Durch die Verweigerung der Mitarbeit im Haushalt kam es
zum Streit zwischen Brian und seinen Eltern. Die Eltern
forderten von ihm die sorgfältige Erledigung seiner
häuslichen Pflichten. Sie übten außerdem Kritik an Brians
gemeinem Verhalten gegenüber seinem Bruder. Diese
Probleme führten zu einer Abnahme des Zusammenhalts
in der Familie.

1 c)

(1) Weil Brian sich weigerte, im Haushalt mitzuarbeiten,
stritt er sich mit seinen Eltern.
(2) Die Eltern forderten, dass er seine häuslichen Pflichten
sorgfältig erledigt.
(3) Sie kritisierten außerdem, dass er sich gemein
gegenüber seinem Bruder verhielt.

(4) Diese Probleme führten dazu, dass der Zusammenhalt
in der Familie abgenommen hat / dass die Familie weniger
zusammenhielt.

2

Es kam zu einer Verschlimmerung der Situation in der
Familie aufgrund der unzuverlässigen Erledigung seiner
Aufgaben. Seine Eltern trafen die Entscheidung, dass er
noch eine Chance erhalten sollte. Der Bruder gab seine
Zustimmung. Die gesamte Familie machte daraufhin die
Feststellung, dass Brian doch zur Mitarbeit fähig war.
Schließlich verspürten alle Erleichterung.

3

Inhaltszusammenfassungen, juristische Texte / Gesetze,
Mitschriften von Vorträgen, wissenschaftliche Berichte

Sätze verbinden und umgestalten

SEITE 70

1 a)

(1) Am Girls' Day wurden fast 10.000 Aktionen für mehr als
125.000 Mädchen angeboten.
Er findet seit 2001 jedes Jahr statt.
(2) Der Girls' Day ermöglicht Mädchen, in Berufe hineinzu-
schnuppern.
Die meisten Berufe kannten die Mädchen vorher kaum.
(3) Die angebotenen Veranstaltungen fanden z.B. in Tischlereien und bei der Polizei statt.
Sie waren ein voller Erfolg.
(4) Inzwischen gibt es zusätzliche Aktionen für Jungen.
Sie wählen häufig auch typische Männerberufe.
(5) Der Jungen-Zukunftstag findet parallel zum Girls' Day
statt. Er nennt sich Boys' Day.

1 b)

(1) Am Girls' Day, der seit 2001 jedes Jahr stattfindet,
wurden fast 10.000 Aktionen für mehr als 125.000
Mädchen angeboten.
(2) Der Girls' Day ermöglicht Mädchen in Berufe hineinzu-
schnuppern, die sie vorher kaum kannten.
(3) Die angebotenen Veranstaltungen, die ein voller Erfolg
waren, fanden z.B. in Tischlereien und bei der Polizei statt.
(4) Inzwischen gibt es zusätzliche Aktionen für Jungen, die
häufig auch typische Männerberufe wählen.
(5) Der Jungen-Zukunftstag, der sich Boys' Day nennt,
findet parallel zum Girls' Day statt.

SEITE 71

2

In der heutigen Zeit dringen Frauen immer noch selten in
bestimmte Arbeitsgebiete ein, **da/weil** diese scheinbar
Männern vorbehalten sind. Männer arbeiten z.B. oft im
Bereich Technik, **dagegen** arbeiten Frauen häufiger in den
Bereichen Erziehung und Pflege, **da/weil** sie gern mit
Menschen umgehen. Stark vertreten sind bei den Frauen
in Deutschland Berufe wie Friseurin, Verkäuferin,
Bürokauffrau. Diese Berufswahl führt oft auch dazu,
dass Frauen ein geringeres Einkommen haben.
Der Girls' und Boys' Day wird organisiert, **damit** Mädchen
und Jungen in „untypische Berufe" hineinschnuppern
können. Mädchen und Jungen brauchen Mut, **sonst** trauen
sie sich nicht, solche Berufe zu erlernen.

3

(1) Oft ist es noch so, dass Frauen andere Berufe als Männer wählen und erlernen.

(2) Der Girls' Day soll zeigen, dass auch technische und naturwissenschaftliche Berufe für Mädchen interessant sind.

(3) Es muss selbstverständlich sein, dass Mädchen z.B. auch Softwareentwicklerin oder Kfz-Mechatronikerin werden können.

(4) Jungen sollen erfahren, dass Erzieher, Kranken- und Altenpfleger interessante Berufe sind.

(5) Die Jugendlichen sollen erkennen, dass ihre Berufswahl oft sehr einseitig ist.

SEITE 72

4 a)
(1) weil
(2) damit
(3) dass

4 b)
(1) Mädchen und Jungen erlernen häufig unterschiedliche Berufe, **weil** bestimmte Berufe von der Gesellschaft Frauen oder Männern zugeordnet werden.

(2) Mädchen brauchen weibliche Vorbilder in „männertypischen" Berufen, **damit** sie sich trauen, selber „Männerberufe" zu ergreifen.

(3) Girls' und Boys' Day fördern, **dass** Jugendliche über ihre Lebens- und Berufsziele nachdenken.

5
(1) **Weil** bestimmte Berufe von der Gesellschaft Frauen oder Männern zugeordnet werden, erlernen Mädchen und Jungen häufig unterschiedliche Berufe.

(2) **Damit** sie sich trauen, selber „Männerberufe" zu ergreifen, brauchen Mädchen weibliche Vorbilder in „männertypischen" Berufen.

6 a)
(1) Junge Menschen × wählen häufig Berufe im Dienstleistungsbereich. – (D)

(2) Entscheidungen für eher „männertypische" Berufsfelder × fällen Frauen noch zu selten. – (A)

(3) Bei jungen Männern dagegen sind bestimmte Tätigkeiten × immer noch nicht häufig vertreten. – (C)

(4) Vorbilder × können motivieren. – (B)

6 b)
(1) Junge Menschen, vor allem Frauen, wählen häufig Berufe im Dienstleistungsbereich.

(2) Entscheidungen für eher „männertypische" Berufsfelder, wie z.B. Technik und Handwerk, fällen Frauen noch zu selten.

(3) Bei jungen Männern dagegen sind bestimmte Tätigkeiten, in erster Linie im sozialen Bereich, immer noch nicht häufig vertreten.

(4) Vorbilder, wie der Nachbar, der als Erzieher arbeitet, können motivieren.

Texte überarbeiten

SEITE 73

1 a) –

1 b) *Diese Konjunktionen und Adverbien könntest du nutzen:*
– Es besteht die Möglichkeit des Trainings zum Schreiben von Bewerbungen. Es gibt Bücher mit Musterbewerbungen. – **dafür**
– Es gibt auch viele Hinweise im Internet. Du kannst dich genau über den angestrebten Beruf informieren. – **so**
– Was kann ich gut? Mit welchen Fähigkeiten kann ich mich dort einbringen? – **deshalb/folglich**
– Meistens versenden Bewerber sehr viele Bewerbungen an Firmen. Mit einem müssen Bewerber rechnen: ... – **allerdings**
– Man bekommt oft nicht einmal seine Unterlagen zurück. Du solltest dich nicht entmutigen lassen. – **aber/trotzdem**

1 c)
Es besteht die Möglichkeit des Trainings zum Schreiben von Bewerbungen. → Man kann trainieren, wie man Bewerbungen schreibt.

1 d)
– Es gibt Bücher mit Musterbewerbungen. Es gibt auch viele Hinweise im Internet. → Synonym: **Du findest ...**
– Du kannst dich genau über den angestrebten Beruf informieren. Du musst dir folgende Fragen stellen: → Umstellung von Satzgliedern: **Folgende Fragen** musst ...
– Meistens versenden Bewerber sehr viele Bewerbungen an Firmen. Mit einem müssen Bewerber rechnen: ... → Verwendung von Pronomen: **sie**
– Man ist nicht gleich mit der ersten Bewerbung erfolgreich. Man bekommt oft nicht einmal seine Unterlagen zurück. → Umstellung von Satzgliedern: **Oft** bekommt man ...

1 e) *So könnte dein überarbeiteter Text lauten:*

Bewerbungen – ein endloser Marathon?
Suchst du auch einen Ausbildungsplatz? Musst du dich bald bewerben? Man kann trainieren, wie man Bewerbungen schreibt. Dafür gibt es Bücher mit Musterbewerbungen, und du findest auch viele Hinweise im Internet. So kannst du dich genau über den angestrebten Beruf informieren. Folgende Fragen musst du dir stellen: Was gefällt mir an dem Beruf? Was kann ich gut? Mit welchen Fähigkeiten kann ich mich folglich dort einbringen?
Meistens versenden Bewerber sehr viele Bewerbungen an Firmen. Allerdings müssen sie mit einem rechnen: Man ist nicht gleich mit der ersten Bewerbung erfolgreich. Oft bekommt man nicht einmal seine Unterlagen zurück. Du solltest dich aber nicht entmutigen lassen.

2 a) –

2 b) *Diese Absätze könntest du eintragen:*
1. Absatz: Zeile 1–6
2. Absatz: Zeile 6–13
3. Absatz: Zeile 13–19
4. Absatz: Zeile 19–24
5. Absatz: Zeile 24–28

Diese Sätze könnten besser miteinander verbunden werden:
(1) Du darfst auf keinen Fall zum Gesprächstermin zu spät kommen. (Zeile 6–7) +
Du solltest frühzeitig eine passende Bus- oder Zugverbindung raussuchen und die Strecke am besten schon einmal abfahren. (Zeile 7–10)
(2) Du solltest frühzeitig eine passende Bus- oder Zugverbindung raussuchen und die Strecke am besten schon einmal abfahren. (Zeile 7–10) +
Du kannst die Zeit gut einschätzen, die du für den Weg benötigst. (Zeile 10–12)
(3) Recherchiere im Internet. (Zeile 15) +
Notiere wichtige Informationen über das Unternehmen. (Zeile 16–17)
(4) Überlege dir Fragen, die deine Gesprächspartner stellen könnten. (Zeile 17–18) +
Denke über passende Antworten nach. (Zeile 18–19)
(5) Man entdeckt nicht selten noch einen Fleck auf dem einzigen Hemd. (Zeile 26–27) +
Man merkt, dass die Hose inzwischen zu eng geworden ist. (Zeile 27–28)

Folgende Wortwiederholungen sollten überarbeitet werden:
Du solltest (Zeile 7–8)
Du kannst (Zeile 10)
Man merkt (Zeile 28)

2 c) *So könnte dein überarbeiteter Text lauten:*
Eine Einladung zum Vorstellungsgespräch ist bereits ein erster Erfolg. Du solltest dich auf das Gespräch gut vorbereiten. Wenn du die Einladung zum Gespräch erhältst, solltest du umgehend bei der Personalabteilung anrufen. Bestätige den Termin.
Du darfst auf keinen Fall zum Gesprächstermin zu spät kommen, deshalb solltest du frühzeitig eine passende Bus- oder Zugverbindung raussuchen und die Strecke am besten schon einmal abfahren. So kannst du die Zeit gut einschätzen, die du für den Weg benötigst. Plane 15 Minuten mehr Zeit ein, falls sich der Bus oder die Bahn verspätet.
Es ist von Vorteil, wenn man bei dem Gespräch bereits etwas über das Unternehmen weiß. Recherchiere deshalb im Internet und notiere wichtige Informationen über das Unternehmen. Überlege dir Fragen, die deine Gesprächspartner stellen könnten, und denke über passende Antworten nach.
Übe das Vorstellungsgespräch anschließend mit einer Freundin oder einem Freund. Bitte sie oder ihn dabei um eine Rückmeldung: Wie überzeugend hast du die Fragen beantwortet? Wie hat deine Körpersprache (Mimik, Gestik und Körperhaltung) gewirkt?
Ein wichtiger Tipp: Bereite deine Kleidung einige Tage vor dem Gespräch vor. Man entdeckt nicht selten noch einen Fleck auf dem einzigen Hemd oder merkt, dass die Hose inzwischen zu eng geworden ist.

Fit für Prüfungen!
Nachdenken über Sprache

1 a)
Marvin ist bald mit der Schule fertig und erzählt von seinen Zukunftsplänen: „Ich <u>habe</u> das Ziel, Kfz-Mechatroniker zu werden. Danach <u>mache</u> ich meinen Meister. Das <u>gibt</u> mir die Möglichkeit, eine eigene Werkstatt zu eröffnen. Mein Kumpel Serhat <u>ist</u> im ersten Lehrjahr in einer Autowerkstatt. Ich <u>besuche</u> ihn manchmal und <u>darf</u> jetzt auch ein Praktikum dort <u>machen</u>. Ich <u>will</u> im selben Betrieb <u>ausgebildet werden</u>. Deshalb <u>muss</u> ich mich im Praktikum <u>anstrengen</u>.“

1 b)
Marvin erzählt, dass er das Ziel **habe**, Kfz-Mechatroniker zu werden. Danach **mache** er seinen Meister. Das **gebe** ihm die Möglichkeit, eine eigene Werkstatt zu eröffnen. Er berichtet, sein Kumpel Serhat **sei** im ersten Lehrjahr in einer Autowerkstatt. Er **besuche** ihn manchmal und **dürfe** jetzt auch ein Praktikum dort **machen**. Er **wolle** im selben Betrieb **ausgebildet werden**. Deshalb **müsse** er sich im Praktikum **anstrengen**.

2
Ein Kinderwagen mit Kleinkind wurde gestern (von einem Vater) vor einem Geschäft abgestellt. Das Kind im Kinderwagen wurde von seinem Hund bewacht. Der Kinderwagen wurde von einem anderen Hund beinahe umgeworfen. Der wilde Hund wurde jedoch rechtzeitig (vom Hund der Familie) verjagt und so das Kind vor einem Unglück bewahrt.

3
Obwohl es eine große Auswahl an Berufen gibt, ist nicht jeder Auszubildende mit seiner Wahl zufrieden. Manchmal sind die Jugendlichen enttäuscht, **weil/da** sie sich die Tätigkeit anders vorgestellt hatten. **Deshalb** ist es wichtig, sich vorher gut zu informieren. **Dafür** bietet ein Praktikum die beste Möglichkeit.

Fehler erkennen und berichtigen

1 a) und **b)** –

2 a) und **b)** –

3 a)
Auch <u>Säugetiere</u> besitzen einen <u>Tränenapparat</u>. Dieser verhindert, dass das Auge austrocknet. Außerdem werden mit Hilfe von <u>Tränenflüssigkeit</u> <u>Fremdkörper</u> aus dem Auge herausgespült. Solche Tränen kennen wir vom <u>Zwiebelschneiden</u> oder von Allergien. Die emotionalen Tränen, die aus Traurigkeit oder Schmerz geweint werden, gibt es nach dem Wissen von <u>Tierforschern</u> dagegen nur bei uns Menschen.

3 b)

säugen + Tier = das Säugetier;
Tränen + Apparat = der Tränenapparat;
Tränen + Flüssigkeit = die Tränenflüssigkeit;
fremd + Körper = der Fremdkörper;
Zwiebel + Schneiden = das Zwiebelschneiden;
Tier + Forscher = der Tierforscher

4 a)

– Zeile 1: Das menschliche <u>w</u>einen – Weinen
– Zeile 2: –
– Zeile 3: aufmerks<u>am w</u>enn – aufmerksam, wenn
– Zeile 4: Anl<u>aß</u> zum <u>w</u>einen – Anlass, Weinen
– Zeile 5: Wu<u>t T</u>rauer, Verlust, Kr<u>ä</u>nkung – Wut, Trauer, Kränkung
– Zeile 6: –
– Zeile 7: Schmerz und <u>t</u>rauer – Trauer
– Zeile 8: vergo<u>ß</u>ene Tränen – vergossene
– Zeile 9: Schwan<u>z b</u>ellen – Schwanz, bellen

4 b)

(1) <u>Übungswort:</u> der Anlass – <u>Fehlerart:</u> ss statt ß
<u>Regel:</u> ss nach kurzem betontem Vokal
<u>weitere Beispiele:</u> anlässlich, veranlassen

(2) <u>Übungswort:</u> zum Weinen – <u>Fehlerart:</u> Großschreibung
<u>Regel:</u> zum (zu + dem) Weinen, Begleiter vorhanden →
Nomen, Nominalisierung
<u>weitere Beispiele:</u> beim Weinen, zum Lachen

(3) <u>Übungswort:</u> die Kränkung – <u>Fehlerart:</u> ä statt e
<u>Regel:</u> verwandtes Wort: krank
<u>weitere Beispiele:</u> jemanden kränken

(4) <u>Übungswort:</u> die Trauer – <u>Fehlerart:</u> Großschreibung
<u>Regel:</u> die Trauer → Artikel kann davor gesetzt werden →
Nomen
<u>weitere Beispiele:</u> die Wut, der Verlust
Die Trauer um die tote Katze war groß.

(5) <u>Übungswort:</u> vergossene – <u>Fehlerart:</u> ss statt ß
<u>Regel:</u> ss nach kurzem betontem Vokal
<u>weitere Beispiele:</u> vergossenes Wasser, vergossener Saft

4 c)

Das menschliche Weinen ist eine sehr ursprüngliche Art
des Sozialverhaltens. Kleinkinder machen durch das
Weinen auf sich aufmerksam, wenn sie noch nicht
sprechen können.
Bei Menschen geben Gefühle Anlass zum Weinen, z. B.
Wut, Trauer, Verlust, Kränkung oder Freude.
Tiere haben eine andere Art, ihre Gefühle mitzuteilen.
Schmerz und Trauer empfinden Tiere ebenso, auch ohne
vergossene Tränen. Hunde zum Beispiel wedeln mit dem
Schwanz, bellen oder jaulen.

Fremdwörter richtig schreiben

SEITE 78

1 a) und **b)**

Nomen	Verben	Adjektive
die Atmosphäre die Situation der Smalltalk die Interessen die Termine der Effekt (die Reaktionen) (die Praktikanten)	sich engagieren (intensivieren) (profitieren)	positiv aktiv (sensationell)

2

Ben **interessiert sich** schon immer für die Arbeit mit
Kindern. Während eines Praktikums in einem Kindergarten
möchte er seine Erfahrungen mit Kindern **intensivieren**.
Die **positiven Reaktionen** der Kinder haben ihn darin
bestärkt, sich um einen Ausbildungsplatz als Erzieher zu
bewerben. Durch sein großes **Engagement** bei der Arbeit
hat er die **Sympathie** der Eltern gewonnen. Bens Stärke ist
seine **Fantasie**. Er liebt die Arbeit im Kindergarten, aber er
freut sich auch auf den **theoretischen** Teil der Erzieherausbildung.

3 a)

– sich interessieren: das Interesse – interessant –
  der Interessent – interesselos …
– intensivieren: intensiv – die Intensivierung …
– positiv: der Positivismus
– die Reaktion: reagieren – reaktionär – der Reaktionär …
– das Engagement: sich engagieren – engagiert –
  die Engagiertheit …
– die Sympathie: sympathisch – sympathisieren –
  der Sympathisant …
– die Fantasie: fantasievoll – fantasielos – fantasieren – …
– theoretisch: die Theorie – theoretisieren – theorielastig …

3 b) *So könnten deine Beispielsätze lauten:*
(1) Er **interessiert sich** sehr für den Erzieherberuf.
(2) Durch ein Praktikum in einem Kindergarten wurde sein
Interesse noch **intensiviert**.
(3) Die Erfahrungen waren durchweg **positiv**.
(4) Die **Reaktionen** der anderen waren erfreulich.
(5) Sein **Engagement** hat sich gelohnt.
(6) Wer **Sympathie** für einen Menschen hat, mag diesen
Menschen gern.
(7) Menschen mit **Fantasie** langweilen sich nie.
(8) **Theoretisch** wie praktisch macht ihm die Arbeit Spaß.

Verbindungen aus Nomen und Verb

SEITE 79

1 a) und **b)**
Meine Familie möchte mehr **Sport** <u>treiben</u>. Mein Bruder
mag **Handball** <u>spielen</u>. Ich <u>fahre</u> gern **Fahrrad**. Uroma kann
noch gut **Treppen** <u>steigen</u>. Mein Vater <u>schmiedet</u> **Pläne**,
wieder einmal ins Fitnessstudio zu gehen. Mutter meint
jedoch, er solle stattdessen die **Fenster** <u>putzen</u>. Auch das sei
eine sportliche Betätigung.

2 a) und **b)**

– Sport treiben → das Sporttreiben →
  Beim Sporttreiben verbraucht man Kalorien.
– Handball spielen → das Handballspielen →
  Beim Handballspielen vergesse ich die Zeit.
– Fahrrad fahren → das Fahrradfahren →
  Das Fahrradfahren fällt ihm noch schwer.
– Treppen steigen → das Treppensteigen →
  Beim Treppensteigen kommt er schnell ins Schwitzen.
– Pläne schmieden → das Pläneschmieden →
  Das Pläneschmieden dauerte den ganzen Abend an.
– Fenster putzen → das Fensterputzen →
  Beim Fensterputzen hört sie laut Musik.

3 *So könnten deine Beispielsätze lauten:*
– Wollen wir heute zusammen <u>heimfahren</u>?
– Am Samstag gehen wir <u>eislaufen</u>.
– Er wollte sein Geheimnis nicht <u>preisgeben</u>.
– Er konnte den Fehler wieder <u>wettmachen</u>.
– Dieses Gerät ist einfach zu <u>handhaben</u>.
– Sie <u>schlafwandelt</u> häufig, wenn Vollmond ist.
– Sie kann gut <u>bruchrechnen</u>.
– Lass uns an den Strand gehen und <u>sonnenbaden</u>!
– Wann soll die Feier <u>stattfinden</u>?

4

Meine Uroma muss keine **Angst haben**, dass ihr beim **Treppensteigen** die Puste ausgeht. Sie will, soweit es geht, auf ihre Gesundheit **Einfluss nehmen**.
Beim **Radfahren** auf ihrem Hometrainer bleibt sie in Übung. Neulich wollte sie sogar mit mir **Basketball spielen**. Es stört sie auch nicht, wenn sie im Supermarkt lange **Schlange stehen** muss.
Nur das **Tütenschleppen** bereitet ihr **beim Heimfahren** Probleme.

Verbindungen aus Adjektiv oder Adverb und Verb

SEITE 80

1 *So könnten deine Beispielsätze lauten:*
– ernst nehmen: Die Sache sollte man <u>ernst nehmen</u>.
– ordentlich arbeiten: Wer <u>ordentlich arbeitet</u>, macht weniger Fehler.
– laut rufen: Du musst <u>laut rufen</u>, sonst kann ich dich aus der Ferne nicht hören.
– freundlich lächeln: Es freut mich immer, wenn Leute auf der Straße <u>freundlich lächeln</u>.
– genau hören: Spiel mir das noch einmal vor, ich möchte es <u>genau hören</u>.
– ruhig bleiben: Du solltest <u>ruhig bleiben</u>, auch wenn es stressig wird.
– gut singen: Er kann <u>gut singen</u>.
– leicht fallen: Sie ist gestern ausgerutscht und <u>leicht gefallen</u>.
– perfekt tanzen: Sie kann <u>perfekt tanzen</u>.
– regelmäßig üben: Er muss <u>regelmäßig üben</u>.

2 a) *So könnten deine Beispielsätze lauten:*
– schwerfallen: Die Aufgabe in Chemie ist mir schwergefallen.
– kürzertreten: Aufgrund ihrer Krankheit muss sie beim Training kürzertreten.
– gutschreiben: Dieser Betrag wird Ihnen bei der nächsten Bestellung gutgeschrieben.
– richtigstellen: Ich möchte diese Sache richtigstellen.
– freihalten: Kannst du dir den Sonntagabend für unser Treffen freihalten?
– blaumachen: Ich würde morgen gern blaumachen.
– dichthalten: Ich befürchte, er kann nicht dichthalten.
– sichergehen: Wir sollten sichergehen, dass er die E-Mail erhalten hat.
– feinmachen: Zur Abschlussfeier werden sich alle feinmachen.
– bloßstellen: Es war gemein, ihn so bloßzustellen.
– loslassen: Du darfst sie auf keinen Fall loslassen.
– klarstellen: Ich möchte klarstellen, dass es nicht seine Schuld war.
– schwertun: Er sollte sich mit dem Referat nicht so schwertun.
– leichtfallen: Der Gedichtvortrag ist mir leichtgefallen.

2 b)

Neben der Ausbildung jobbe ich abends in einem Sonnenstudio. Den Montagabend muss ich aber **freihalten**, damit ich zeitig ins Bett komme und mir das Aufstehen am nächsten Morgen nicht so **schwerfällt**. Bisher war ich zum Arbeitsbeginn zum Glück immer pünktlich. Ich würde niemals **blaumachen**, denn ich will **klarstellen**, dass mir die Ausbildung viel bedeutet.

3 a)

(1) sich über etwas Gedanken machen – auseinandersetzen
(2) verschiedene Plätze zuteilen – auseinander setzen
(3) anwesend sein, Teil der Runde sein – dabeisitzen
(4) Platz nehmen, nicht stehen – dabei sitzen
(5) an etwas teilnehmen – dazukommen
(6) etwas zeitlich schaffen – dazu kommen

3 b) *So könnten deine Beispielsätze lauten:*
(1) Mit der Thematik muss ich mich noch <u>auseinandersetzen</u>.
(2) Die Lehrerin sagt: „Wenn ihr nicht ruhig arbeitet, muss ich euch <u>auseinander setzen</u>."
(3) Er hat nur schweigend <u>dabeigesessen</u>, während die anderen diskutierten.
(4) Willst du <u>dabei sitzen</u> oder lieber stehen?
(5) Du kannst gern später <u>dazukommen</u>.
(6) Wann werde ich <u>dazu kommen</u>, mein neues Buch zu lesen?

Nominalisierungen großschreiben

SEITE 81

1 a)

Geräusche sind etwas sehr <u>Wichtiges</u> beim <u>Essen</u>. Deshalb arbeiten bei der Entwicklung von Nahrungsmitteln auch Spezialisten für Akustik mit. Sie hören z. B. auf das <u>Knacken</u> von Wiener Würstchen oder Keksen und auf das <u>Gluckern</u> des Bieres beim <u>Ausgießen</u>. Cornflakes oder Chips wirken dann besonders lecker, wenn sie beim <u>Reinbeißen</u> laut krachen. Alles <u>Knackige</u> und <u>Knusprige</u> muss laut und hell klingen, dann erscheint es uns besonders frisch. Auch Lebensmittel brauchen also den richtigen Ton. Werden neue Gerichte entwickelt, werden auch die Geräusche, die beim <u>Auspacken</u> und <u>Zerteilen</u> sowie während des <u>Essens</u> und <u>Trinkens</u> entstehen, bewusst gestaltet.

etwas sehr Wichtiges, das Knacken, das Gluckern, beim Ausgießen, beim Reinbeißen, alles Knackige, alles Knusprige, beim Auspacken, beim Zerteilen, des Essens, des Trinkens

2 a) und b)
Zuerst werden die Geräusche beim <u>Kauen</u> und <u>Beißen</u> der Produkte aufgenommen, dabei erfolgt das <u>Aufzeichnen</u> der Essgeräusche gleich mehrerer Esser. Testpersonen nehmen anschließend das <u>Vergleichen</u> und <u>Bewerten</u> vor. Ein optimaler Ton wird entwickelt. Dann wird an der Herstellung des Produktes gefeilt, sodass das Geräusch beim <u>Abbeißen</u> dem optimalen Ton ziemlich nahekommt. Bei Keksen sind z. B. <u>Dicke</u> und Form etwas sehr <u>Wichtiges</u>, ebenso der Zuckeranteil. Nicht nur Geschmack und <u>Aussehen</u> spielen also eine Rolle, sondern auch das akustische <u>Genießen</u>.

Feste Wendungen

SEITE 82

1

Fernseher und Handy ersetzen das Wartezimmer
Fernseher und Handys verbinden wir <u>im Allgemeinen</u> nicht sofort mit dem Thema „Gesundheit". Es gibt jedoch inzwischen Programme, die Verbesserung <u>in Bezug auf</u> Gesundheit und Stimmung versprechen. Einige Firmen entwickeln Telemedizin-Programme und -Geräte, die via Internet oder Mobilfunk arbeiten. <u>Auf Wunsch</u> können sich Patienten mit ihrer Hilfe <u>zu Hause</u> medizinisch überwachen lassen, indem sie <u>bis ins Einzelne</u> Werte wie Puls, Blutdruck oder Gewicht per Internet an ihren Arzt übertragen. Fachpersonal prüft aus der Ferne täglich ihren Gesundheitszustand, so fühlen sich die Patienten sicher.

2
Solche Programme kommen bisher nur für wenige Patienten **in Betracht**, da die Krankenkassen die Kosten noch nicht übernehmen. Sie ziehen die Systeme noch **in Zweifel** und fordern einen Nachweis für deren Nutzen. Man könnte **in Erwägung** ziehen, die Programme in Gegenden mit zu wenigen Ärzten einzusetzen. Die Grenzen zwischen medizinischer Hilfe und Lifestyleprodukt sind jedoch **im Großen und Ganzen** fließend, da Selbstbeobachtung **im Grunde** eine Lebenseinstellung ist.

3 a)
<u>außer</u> Konkurrenz, außer Acht lassen
<u>in</u> Bezug auf, in Betracht ziehen, in Acht nehmen, in Erwägung ziehen, in Kauf nehmen
<u>im</u> Übrigen, im Allgemeinen, im Besonderen, im Grunde, im Folgenden, im Einzelnen
<u>nach</u> Wunsch, nach Lust und Laune
<u>ohne</u> Zweifel, ohne Gewähr

3 b) *So könnten deine Beispielsätze lauten:*
– Dieses Problem können wir <u>außer Acht lassen</u>.
– Den Vorschlag können wir gern <u>in Betracht ziehen</u>.
– Sollten wir das <u>in Erwägung ziehen</u>?
– Dafür müssen wir die lange Fahrt <u>in Kauf nehmen</u>.
– Das Menü wird <u>nach Wunsch</u> zusammengestellt.
– Das entscheiden wir spontan <u>nach Lust und Laune</u>.
– Die Angaben beim Lotto erfolgen immer <u>ohne Gewähr</u>.

Zeitangaben schreiben – groß oder klein?

SEITE 83

1
<u>heute</u> Morgen, morgen, <u>am</u> Mittwoch, abends, halb acht, Sonntag, <u>am</u> Dienstagmorgen, Donnerstag, Freitagabend, <u>am</u> Sonntagnachmittag, <u>jeden</u> Morgen, fünf, mittags, <u>die</u> Nacht, wochentags, feiertags

2 a)
frühmorgens, eines schönen Sonntags, Freitagabend, freitagabends

2 b) *So könnten deine Beispielsätze lauten:*
– Wenn der Wecker frühmorgens klingelt, brauchen viele eine heiße Dusche, um richtig wach zu werden.
– Eines schönen Sonntags brachen wir zu einer Reise auf.
– Jeden Freitagabend gehe ich aus.
– Meistens chatten wir freitagabends.

3 *So könnte dein Text lauten:*

Meine Traumreise
Ich würde gern einmal mit meinen Freunden <u>eine Woche lang</u> einen Abenteuerurlaub in der Wildnis machen. Das stelle ich mir so vor: Gleich <u>am Montagmorgen</u> würden wir raus in die Natur fahren – an einen Ort mit vielen Bäumen und Pflanzen, mit Wasser und Felsen. <u>Am Vormittag</u> würden wir uns einen guten Platz suchen und unsere Zelte aufbauen. Später würden wir Brennholz sammeln, um ein Feuer zu machen. Über dem Feuer würden wir <u>mittags</u> unsere mitgebrachten Kartoffeln garen. Gut gestärkt ginge es <u>nachmittags</u> in den Wald, um die Gegend zu erkunden. <u>Am Abend</u> würde ich mit meinen Freunden am Lagerfeuer sitzen, gemeinsam essen, Geschichten erzählen und Pläne für die nächsten Tage schmieden. <u>Nachts</u> müsste immer einer von uns für ein paar Stunden unser Zelt bewachen.

Kommas richtig setzen

SEITE 84

1 a) und b)
Moonboots
<u>Am 16. Juli 1969 saß der italienische Designer Giancarlo Zanetta wie Millionen anderer Menschen vor dem Fernseher,</u> **als** <u>Neil Armstrong als erster Mensch den Mond betrat. Die Stiefel der NASA-Astronauten inspirierten den Designer</u> **und** <u>er entwarf den Moonboot. Dieser eroberte in den 70er Jahren zuerst die Skiorte und anschließend die Herzen der Frauen in ganz Europa.</u> **Da** <u>Kunststoff damals sehr angesagt war,</u> <u>galt der Moonboot als besonders futuristisch und modern.</u>

2 a)

(1) Nicht nur Wintersportler wussten zu schätzen, <u>dass die Moonboots bequem und leicht **sind**</u>.
(2) Bei vielen Kundinnen kam gut an, <u>dass die Stiefel schnell **trocknen** und sich jeder Fußform **anpassen**</u>.
(3) Heutzutage gefällt den Fans, <u>dass es den Moonboot in vielen verschiedenen Farben **gibt**</u>.

2 b)

(1) Dass die Moonboots bequem und leicht sind, wussten nicht nur Wintersportler zu schätzen.
(2) Dass die Stiefel schnell trocknen und sich jeder Fußform anpassen, kam bei vielen Kundinnen gut an.
(3) Dass es den Moonboot in vielen verschiedenen Farben gibt, gefällt heutzutage den Fans.

3 a) und b)

(1) <u>Für Modebewusste gibt es Modelle mit Strass und Pailletten, aber sportliche Typen setzen auf die Boots von Sportfirmen.</u>
(2) <u>Es wurden bereits viele Stars in Moonboots gesichtet, doch der Anblick eines dicken Moonboot an einem Frauenbein bleibt gewöhnungsbedürftig.</u>
(3) <u>Aus diesen Schuhen wird ein Trend gemacht, sodass manche Stars sie selbst in wärmeren Jahreszeiten aus dünnerem Material tragen.</u>
(4) <u>Modekritiker sind sich oft nicht einig, weil sie unterschiedliche Meinungen zu dem Stiefel haben.</u>
(5) <u>Moonboots bieten eine gute Alternative zu dicken Winterstiefeln, denn sie sind warm, bequem und stylish zugleich.</u>

SEITE 85

1 a) und b)
Trends

Überall begegnen uns Trends, <u>vor allem in der Mode</u>.
Die wichtige Frage nach den aktuellen Trends beschäftigt viele Menschen, <u>insbesondere junge</u>. Seit längerem schon werden Trends erforscht, <u>und zwar professionell von Trendforschern, Trendscouts und Meinungsforschern</u>.
Die meisten dieser Forscher sind entsprechend ausgebildet, <u>z.B. als Psychologen, Soziologen und Wirtschaftsforscher</u>.
Sie kennen und beobachten unser tägliches Verhalten, <u>vor allem das von Jugendlichen</u>, sehr genau, denn Jugendliche sind eine besonders geeignete Zielgruppe bei der Suche nach den neuesten Trends.

2 a)

(1) Trends gibt es in vielen Bereichen ×. – (D)
(2) Trends werden über Vorbilder × verbreitet. – (E)
(3) Modefirmen × erkennen Trends frühzeitig. – (C)
(4) Trendforscher sind in vielen Ländern unterwegs ×. – (B)
(5) Ihr Suchen und Forschen gilt neuen Stilrichtungen ×. – (A)

2 b)

(1) Trends gibt es in vielen Bereichen, z.B. in der Politik, in der Wirtschaft oder in den Medien.
(2) Trends werden über Vorbilder, oftmals Stars aus der Film- und Fernsehwelt, verbreitet.
(3) Modefirmen, besonders erfolgreiche, erkennen Trends frühzeitig.
(4) Trendforscher sind in vielen Ländern unterwegs, vor allem in großen Städten.

(5) Ihr Suchen und Forschen gilt neuen Stilrichtungen, insbesondere Farben und Formen.

3 a)

Der Modedesigner fliegt <u>Montag, den 5. Juli(,)</u> nach Berlin.
Am <u>Dienstag, dem 6. Juli(,)</u> wird dort die Fashion Week eröffnet.
Er hat eine Einladung zur Fashion Night für <u>Mittwochabend, 7. Juli, 21 Uhr</u> im Restaurant „Borchardt".
Am <u>Freitag, dem 9. Juli, um 11 Uhr</u> präsentiert er seine Kollektion.

3 b) *So könnten deine Sätze lauten:*

Am Mittwoch, 19.02.(,) schreiben wir eine Klassenarbeit im Fach Englisch.
Die Party findet Freitagabend, 11.11., ab 18 Uhr im Café „Moskau" statt.
Am Sonntag, 27.10.(,) gehe ich ins Konzert.

Zitate richtig kennzeichnen

SEITE 86

1 *Das solltest du unterstrichen haben:*

Am kürzeren Ende der Sonnenallee
Sie <u>trafen sich immer auf einem verwaisten Spielplatz</u> – die Kinder, die auf diesem Spielplatz spielen sollten, waren sie selbst gewesen, aber nach ihnen kamen keine Kinder mehr. Weil kein <u>Fünfzehnjähriger</u> der Welt sagen kann, dass er auf den Spielplatz geht, <u>nannten</u> sie es <u>„am Platz rumhängen"</u>, was viel subversiver klang. Dann <u>hörten sie Musik</u>, am liebsten das, was verboten war. Meistens war es <u>Micha</u>, der <u>neue Songs mitbrachte</u> – kaum hatte er sie im SFBeat aufgenommen, spielte er sie am Platz. Allerdings waren sie da noch zu neu, um schon verboten zu sein. Ein Song wurde ungeheuer aufgewertet, wenn es hieß, dass er verboten war. *Hiroshima* war verboten, ebenso wie *Je t'aime* oder die Rolling Stones, die von vorne bis hinten verboten waren. Am verbotensten von allem war *Moscow, Moscow* von Wonderland. <u>Keiner wusste, wer die Songs verbietet</u>, und erst recht nicht, aus welchem Grund.

2

(1) Die Figuren des Romans sind Jugendliche, die sich immer auf einem „verwaisten Spielplatz" (Z.1) treffen und dort Musik hören.
(2) Sie sagen zu ihren Treffen „am Platz rumhängen" (Z.4), weil Fünfzehnjährige eigentlich zu alt für den Spielplatz sind.
(3) Auf dem Spielplatz hören sie Musik, „am liebsten das, was verboten war" (Z.5).

3

(1) Durch Verbote werden die Songs „ungeheuer aufgewertet" (Z.8).
(2) Es werden die Songs „Hiroshima", „Je t'aime" und schließlich „Moscow, Moscow", der „am verbotensten von allem war" (Z.10) genannt.

Fit für Prüfungen!
Richtig schreiben

SEITE 87

1

Nomen + Verb	Adjektiv + Verb
Sport treiben	blaumachen
eislaufen	klarstellen
preisgeben	ordentlich arbeiten

2

In den Ferien werde ich in den ersten zwei Wochen **nach Lust und Laune** ausschlafen. Ich verbringe die Ferientage am liebsten **zu Hause** in unserem Garten und treffe mich **zum Schwimmen** mit Freunden am See. Faulenzen ist **etwas Tolles**. Aber ich werde auch für mindestens zwei Wochen einen Ferienjob annehmen. Ich will für eine große Reise nach meinem Schulabschluss sparen, dafür nehme ich das frühe **Aufstehen** gern **in Kauf**.

3

Die Beschäftigung von Jugendlichen zwischen 13 und 18 Jahren, die noch zur Schule gehen, ist eigentlich verboten, **aber** ein zeitlich begrenzter Ferienjob ist zulässig.
Schülerinnen und Schüler können maximal acht Stunden täglich arbeiten, **wenn** sie mindestens 15 Jahre alt sind.
Das Jugendarbeitsschutzgesetz schreibt weiterhin vor, **dass** sie nicht mehr als 20 Tage im Jahr arbeiten dürfen.
Die Arbeitszeit muss zwischen 6 Uhr morgens und 20 Uhr abends liegen, **denn** Nachtschichten sind nicht erlaubt.

Fit für Prüfungen!

Richtig schreiben

1 Getrennt oder zusammen? Sortiere die Verbindungen in die Tabelle ein und schreibe sie richtig auf.

> *SPORT/TREIBEN   EIS/LAUFEN   BLAU/MACHEN*
> *KLAR/STELLEN   ORDENTLICH/ARBEITEN   PREIS/GEBEN*

Nomen + Verb	Adjektiv + Verb

2 Ergänze passende Wortgruppen aus der Randspalte in der richtigen Schreibweise.

In den Ferien werde ich in den ersten zwei Wochen _____

ausschlafen. Ich verbringe die Ferientage am liebsten _____

in unserem Garten und treffe mich _____ mit Freunden

am See. Faulenzen ist _____ . Aber ich werde auch für

mindestens zwei Wochen einen Ferienjob annehmen. Ich will für eine große Reise nach

meinem Schulabschluss sparen, dafür nehme ich das frühe _____

gern _____ .

ZUM SCHWIMMEN
ZU HAUSE
IN KAUF
AUFSTEHEN
ETWAS TOLLES
NACH LUST UND LAUNE

Richtig schreiben

3 Ergänze passende Haupt- und Nebensatzkonjunktionen und setze die fehlenden Kommas.

Die Beschäftigung von Jugendlichen zwischen 13 und 18 Jahren, die noch zur Schule

gehen, ist eigentlich verboten _____ ein zeitlich begrenzter Ferienjob ist zulässig.

Schülerinnen und Schüler können maximal acht Stunden täglich arbeiten _____

sie mindestens 15 Jahre alt sind. Das Jugendarbeitsschutzgesetz schreibt weiterhin vor

_____ sie nicht mehr als 20 Tage im Jahr arbeiten dürfen. Die Arbeitszeit muss

zwischen 6 Uhr morgens und 20 Uhr abends liegen _____ Nachtschichten sind

nicht erlaubt.

Textquellenverzeichnis

S.4 Kunert, Günter: Gagarin. Aus: Erinnerung an einen Planeten. Gedichte aus fünfzehn Jahren. Carl Hanser Verlag, München 1963, S.61

S.10 f. Ziegler, Reinhold: Warum frieren die Schwäne nicht? Aus: Der Straßengeher und andere kleine Versuche, die Welt zu verstehen. Beltz Verlag, Weinheim und Basel 2001, S.93 f.

S.16 Grimm, Jakob und Wilhelm: Der alte Großvater und der Enkel. Aus: Kinder- und Hausmärchen. Gesammelt durch die Brüder Grimm. Hrsg. von Roland W. Fink-Henseler. Gondrom Verlag 1978, S.224 f.

S.20 Gernhardt, Robert: U-Bahnhof Miquel-Adickes-Allee 15 Uhr 30. Aus: Frankfurter Allgemeine Zeitung vom 12.4.1997

S.34 Freiwilliges Soziales Jahr – Engagement, das sich lohnt. Nach: http://www.ijgd.de (Stand vom 11.10.2011)

S.38 f. Cyber-Mobbing – eine neue Dimension des Mobbings. Nach: Aktiv gegen Cyber-Mobbing. Vorbeugen – Erkennen – Handeln. Schulmaterialien. Österreichisches Institut für angewandte Telekommunikation. Wien 2009, S.6–9

S.42 f. Stolz, Rosi: Wie ihr euch vor Cyber-Mobbing schützen könnt. Nach: http://www.lizzynet.de (Stand vom 11.10.2011)

S.48 f. Kreitling, Holger: Jugendliche wollen keinen Augenkontakt mehr. Nach: http://www.welt.de/wirtschaft/webwelt/article6913222/Jugendliche-wollen-keinen-Augenkontakt-mehr.html (Stand vom 11.10.2011)

S.56 Ich kann ... Nach: Buss, Denis/Tillmann, Anke: Aus dir wird was! Alles zur Studien- und Berufswahl. Einstieg, Köln 2011, S.10

S.59 f. Berufsausbildungsvertrag. Aus: Berufsausbildungsvertrag der Handwerkskammer Hamburg. www.hwk-hamburg.de (Stand vom 11.10.2011)

S.66 Seltsame Beute. Nach: Spontan 825 Kilogramm Streusalz geklaut. http://www.recklinghaeuser-zeitung.de/nachrichten/region/Spontan-825-Kilo-Streusalz-geklaut;art999,456646 (Stand vom 11.10.2011)

S.67 Plötzlich gefangen. Nach: Bürgermeister befreit Mann aus Frauengefängnis. http://www.welt.de/vermischtes/kurioses/article13326792/Buergermeister-befreit-Mann-aus-Frauengefaengnis.html (Stand vom 11.10.2011)

S.76 Das menschliche Weinen. Nach: Grau, Alexander: Tränenforschung: Heul doch. http://www.faz.net/aktuell/wissen/mensch-gene/traenenforschung-heul-doch-1384727.html (Stand vom 11.10.2011)

S.77 Auch Säugetiere ... Nach: http://www.forschungsexpedition.de/generator/wj2009/de/02_Forschungsfragen/Warum_weinen_Tiere_nicht_/Forschungsfrage,np=528.html (Stand vom 11.10.2011)

S.81 Geräusche von Lebensmitteln. Nach: Hablesreiter, Martin/Stummerer, Sonja: Der Knalleffekt der Wurst. http://www.wienerzeitung.at/nachrichten/archiv/68046_Der-Knalleffekt-der-Wurst.html (Stand vom 11.10.2011)

S.82 Fernseher und Handy ersetzen das Wartezimmer. Nach: Kirzynowski, Marcus: Fernseher und Handy ersetzen das Wartezimmer. http://www.welt.de/gesundheit/article13338678/Fernseher-und-Handy-ersetzen-das-Wartezimmer.html (Stand vom 11.10.2011)

S.84 Moonboots. Nach: http://www.yaez.de/Style/145-Moonwalk-mit-Retrocharme.html (Stand vom 11.10.2011)

S.85 Trends. Nach: http://www.fashion-spion.de/woher-kommen-eigentlich-trends (Stand vom 11.10.2011)

S.86 Brussig, Thomas: Am kürzeren Ende der Sonnenallee. Aus: Am kürzeren Ende der Sonnenallee. Verlag Volk & Welt, Berlin 1999, S.11

Bildquellenverzeichnis

Umschlagabbildungen: Thomas Schulz, Teupitz
S.34, 59, 70, 76, 81: Thomas Schulz, Teupitz
S.39: © Agb-Fotolia.com
S.44: © DesignNic-Fotolia.com (Handy)
S.44: © Fatman 73-Fotolia.com (Computer)
S.71: Bernhard Classen, Lüneburg
S.83: © Lucky Dragon-Fotolia.com
S.84: Werkfoto

Redaktion: Annika Kusumi, Stefanie Schumacher

Bildrecherche: Angelika Wagener

Illustration: Maja Bohn, Berlin

Umschlaggestaltung: Visuelle Gestaltung Katrin Pfeil, Mainz

Layout und technische Umsetzung: Buchgestaltung +, Berlin

www.cornelsen.de

Die Webseiten Dritter, deren Internetadressen in diesem Lehrwerk angegeben sind, wurden vor Drucklegung sorgfältig geprüft. Der Verlag übernimmt keine Gewähr für die Aktualität und den Inhalt dieser Seiten oder solcher, die mit ihnen verlinkt sind.

1. Auflage, 8. Druck 2023

Alle Drucke dieser Auflage sind inhaltlich unverändert und können im Unterricht nebeneinander verwendet werden.

© 2012 Cornelsen Verlag, Berlin
© 2018 Cornelsen Verlag GmbH, Berlin

Druck: Athesiadruck GmbH

ISBN 978-3-06-061811-8